Shin Kyung-sook

Zaopiekuj się moją mamą

Tytuł oryginału: 엄마를 부탁해

Copyright © Shin Kyung-sook 2010 All rights reserved. This Polish edition was published by Wydawnictwo Kwiaty Orientu in 2020

© Copyright for the Polish translation by Marzena Stefańska-Adams and Anna Diniejko-Wąs 2020

Tłumaczenie
Marzena Stefańska-Adams
Anna Diniejko-Wąs

Redakcja
Katarzyna Tran Trang

Korekta
Katarzyna Tran Trang
Marzena Stefańska-Adams

Projekt okładki
Tomasz Majewski

Skład i łamanie
Studio DTP Wojciech Ciągło
www.dtp-studio.pl

ISBN 978-83-66658-08-0

Wydawnictwo Kwiaty Orientu
ul. Konopnickiej 12/42, 26-110 Skarżysko-Kamienna
Telefon: 41 252 48 70
E-mail: pytanie@kwiatyorientu.com
Strona internetowa: www.kwiatyorientu.com
Sklep internetowy: www.sklep.kwiatyorientu.com

Shin Kyung-sook

Zaopiekuj się moją mamą

Z koreańskiego przełożyły
Marzena Stefańska-Adams i Anna Diniejko-Wąs

Spis treści

Nikt nic nie wie — 7

Przepraszam, Hyong-chol — 65

Jestem w domu — 115

Inna kobieta — 163

Epilog. Różaniec z drzewa różanego — 209

Nikt nic nie wie

Minął już tydzień, odkąd zaginęła mama.

Twoja rodzina zebrała się w domu najstarszego brata i po rozważeniu kilku pomysłów postanowiła przygotować ulotki i roznosić je tam, gdzie ostatnio widziano mamę. Najpierw należało sporządzić szkic takiej ulotki według starego zwyczaju. Oprócz jej przygotowania rodzina niewiele może już zrobić. Cóż, zgłoszą zaginięcie, przeszukają okolicę, będą zaczepiać przechodniów i pytać, czy ktoś widział kobietę wyglądającą jak mama. Lub za pośrednictwem młodszego brata, właściciela internetowego sklepu z odzieżą, zamieszczą w sieci ogłoszenie o jej zaginięciu, dołączą jeszcze zdjęcie i prośbę o kontakt skierowaną do wszystkich, którzy widzieli podobną osobę. Chcieliście przeszukać miejsca, do których mama mogłaby pójść sama, ale ty wiedziałaś, że takich miejsc nie ma. Starszy brat wyznaczył ciebie do napisania ulotki, ponieważ pisaniem zarabiasz na życie. Pisarka, osoba zajmująca się pisarstwem… Rumienisz się tak, jakbyś została przyłapana na robieniu czegoś zakazanego. Jak znaleźć i ułożyć słowa, dzięki którym odnajdziemy mamę?

Kiedy napisałaś *24 lipca 1938* (to data urodzenia mamy), ojciec poprawił cię, mówiąc, że urodziła się w 1936 roku. Tylko w akcie urodzenia widnieje rok trzydziesty ósmy. Po raz pierwszy o tym usłyszałaś. Ojciec dodał, że wtedy wszyscy tak robili. Wiele dzieci po urodzeniu nie dożywało nawet stu dni, dlatego dopiero po dwóch, trzech latach życia wprowadzano ich dane do spisu ludności. Gdy zmieniłaś liczbę trzydzieści osiem na trzydzieści sześć, twój najstarszy brat stwierdził, że należy jednak wpisać rok 1938, skoro to jest oficjalna data. Czy przy pisaniu ulotki domowej roboty musisz trzymać się urzędowych czy tych prawdziwych danych? Mimo to bez słowa poprawiłaś liczbę trzydzieści sześć na trzydzieści osiem, zastanawiając się przy tym, czy dniem urodzin mamy faktycznie jest 24 lipca.

Twoja mama od kilku lat powtarzała, żeby nie urządzać przyjęcia urodzinowego tylko dla niej. Urodziny ojca wypadały zaledwie miesiąc wcześniej. Na wszystkie rodzinne uroczystości ty i twoje rodzeństwo chodziliście zawsze do domu rodziców w mieście Jeongeup. W samej linii prostej było dwudziestu dwóch członków rodziny.

Mama lubiła cały ten harmider, który towarzyszył oczekiwaniu na bliskich. Już na kilka dni przed ich przyjazdem robiła świeże *kimchi*, szła na rynek kupić mięso i zaopatrywała się w dodatkowe pasty i szczoteczki do zębów. A kiedy odjeżdżali, każdy dostawał od niej słoje świeżego oleju sezamowego, tłuczonego prażonego sezamu i ziaren pachnotki. Twoja mama była wyraźnie ożywiona, kiedy oczekiwała na przyjazd rodziny. Gdy rozmawiała z sąsiadami czy znajomymi spotkanymi na targu, jej słowa i język całego ciała odsłaniały ukrytą dumę. W szopie w równym rzędzie stały wszelakie – małe i duże – szklane butelki wypełnione przygotowanym przez nią, w zależności od sezonu, sokiem z malin lub śliwek. Obok nich ustawiała słoiki pełne solonych witlinków, anchois i małżów przeznaczone dla rodziny mieszkającej w mieście. Gdy usłyszała, że cebula jest dobra dla zdrowia, zaczęła przyrządzać z niej sok. A przed zimą wyciskała go także z dojrzałej dyni, dodawała lukrecji i wysyłała dzieciom do miasta. Dom twojej mamy przez okrągły rok funkcjonował niczym fabryka, która wytwarza specjały dla rodziny w mieście. Tu poddawano fermentacji soję, tu dojrzewała pasta z gotowanej soi i tu rozcierano ryż.

Z czasem wycieczki dzieci do Jeongeup stały się rzadsze, więc rodzice zaczęli częściej jeździć do Seulu. Wkrótce także dzień urodzin mamy i ojca świętowano jedną kolacją w miejskiej restauracji. W ten sposób zaoszczędzano na podróżach.

Pewnego dnia mama zaproponowała: „A może by tak obchodzić moje urodziny razem z urodzinami ojca?". Jej urodziny przypadały w samym środku upalnego lata, a w odstępie kilku dni odbywały się dwa letnie obrządki *jesa* i mama twierdziła, że nie zdąży z przygotowaniami do wszystkich uroczystości. Początkowo twoja rodzina była przeciwna takim pomysłom, ale gdy mama odmówiła spotkania w mieście, kilkoro z was przyszło z prezentami do domu. Potem, w dniu urodzin ojca, wręczaliście również prezent matce i w ten sposób jej jubileusz przemijał po cichu. I tak w komodzie rósł stos niezabranych skarpet, które mama lubiła kupować w prezencie dla każdego członka rodziny.

Nazwisko i imię: Park So-nyo.

Data urodzenia: 24 lipca 1938 r. (skończone 69 lat).

Wygląd: krótkie, ondulowane włosy mocno przyprószone siwizną, wystające kości policzkowe, niebieska bluzka, biały żakiet, plisowana beżowa spódnica.

Miejsce zaginięcia: stacja metra Dworzec Seul.

Gdy przyszło do wyboru fotografii do ulotki, wasze opinie były podzielone. Chociaż wszyscy zgodziliście się, że powinno to być najbardziej aktualne zdjęcie, nikt takiego nie posiadał. Przypomniałaś sobie, że mama od jakiegoś czasu nie lubiła się fotografować. Kiedy pozwoliście do rodzinnych portretów, ukradkiem wymykała się z kadru i potem brakowało jej na zdjęciu. Najbardziej aktualna podobizna mamy była na fotografii z siedemdziesiątych urodzin ojca. Mama, ubrana w jasnobłękitny *hanbok*, z włosami upiętymi do góry przez fryzjerkę i ustami pomalowanymi szminką w pąsowym odcieniu, prezentowała się na nim bardzo dostojnie. Twój młodszy brat uważał, że mama wygląda na nim inaczej niż w chwili zaginięcia, więc nikt jej nie rozpozna, nawet jeśli wizerunek zostanie powiększony. Gdy umieścił zdjęcie w Internecie, oglądający komentowali: „Twoja mama jest ładna i nie wygląda na osobę, która mogłaby zgubić drogę do domu". Dlatego postanowiliście, że sprawdzicie jeszcze raz, czy ktoś ma inne zdjęcie mamy.

Starszy brat polecił ci, byś napisała coś więcej na ulotce. Kiedy spojrzałaś na niego z niezrozumieniem, on odpowiedział, że należy użyć takich słów, które wzruszą czytelnika. Słowa, które wzruszą czytelnika? Kiedy napisałaś: „Proszę, pomóż nam znaleźć naszą matkę", on rzekł, że to zbyt proste. Kiedy napisałaś: „Nasza matka zaginęła", doszedł do wniosku, że „matka" brzmi zbyt formalnie i lepiej napisać „mama". Zaproponowałaś: „Nasza mama zaginęła", ale tym razem uznał, że to zbyt dziecinne. Napisałaś więc: „Proszę o kontakt, jeśli widziałeś tę osobę", a on warknął: „Co z ciebie za pisarka?!". Nie byłaś w stanie wymyślić nic, co mogłoby zadowolić twojego brata. Czy w ogóle istnieją takie słowa, które mogą poruszyć? Młodszy z braci podsunął myśl o dużej nagrodzie – przecież tak można zachęcić ludzi do pomocy. Mocno skrytykowała to bratowa. Postanowiliście jednak wpisać konkretną kwotę, żeby zainteresować ludzi.

– Więc ile napisać?
– Milion wonów?
– To za mało.

– Trzy miliony wonów?
– To chyba też mało?
– Zatem pięć milionów wonów.
Wobec takiej sumy nikt już nie protestował. Napisałaś więc, że przyznacie nagrodę w wysokości pięciu milionów wonów, i postawiłaś kropkę. Młodszy z braci poprosił, żebyś napisała: „Nagroda: 5 000 000 wonów". Zaproponował też, aby powiększyć czcionkę tej sumy.

Kiedy najważniejsze rzeczy zostały już ustalone, postanowiliście wysłać zdjęcie mamy – jeśli tylko znajdziecie odpowiednie – na twojego e-maila i rozeszliście się do domów. Podjęłaś się uzupełnić opis na ulotce i ją wydrukować, a młodszy z braci zobowiązał się je rozprowadzić pomiędzy was wszystkich. Zaproponowałaś, aby zatrudnić kogoś na zlecenie do roznoszenia tych ulotek, ale starszy brat zdecydował, że to będzie wasze zadanie. Ustaliliście, że w tygodniu każdy z was w wolnej chwili będzie roznosił ulotki, a w weekend zajmiecie się tym wszyscy razem. Zaczęłaś narzekać: „Jak znajdziemy mamę w ten sposób?", ale starszy brat odpowiedział:

– Robimy wszystko, co w naszej mocy. Nie możemy po prostu siedzieć i czekać.

– Co masz na myśli, mówiąc, że robimy wszystko, co w naszej mocy?

– Przecież dajemy ogłoszenie w gazecie.

– Robienie, co w naszej mocy, to ogłoszenie w gazecie?

– To co chcesz zrobić? Czy wszyscy powinniśmy jutro zrezygnować z pracy i po prostu krążyć po mieście? Gdybym mógł w ten sposób znaleźć mamę, zrobiłbym to.

Przestałaś nagabywać brata. Zadziałała reguła starszeństwa. Najgorsze sprawy zawsze spycha się na najstarszego brata, mówiąc: „Zrób coś". Tak było również w tej sytuacji. Przerwałaś, bo sobie to uświadomiłaś. Ojciec pozostał w domu najstarszego brata, a wy rozeszliście się w pośpiechu. Gdybyście się nie rozstali, znowu wybuchłaby kłótnia. Tak się właśnie działo przez cały miniony tydzień. Za każdym razem, gdy się spotykaliście, aby omówić, co macie jeszcze zrobić, niespodziewanie zaczynaliście wytykać sobie to, jak bardzo źle zachowywaliście się wobec niej. Dotychczas osiągnięte porozumienie nagle znikało, a wasze rozmowy kończyły się na kłótniach, krzykach, paleniu papierosów i trzaskaniu drzwiami.

Na początku, gdy usłyszałaś o zaginięciu mamy, zdenerwowałaś się i zaczęłaś krzyczeć:

– Jak to jest, że spośród tylu osób nikt nie wyszedł po nich na stację?

– A ty?

– Ja?

Zagryzłaś wargi. Ty dopiero czwartego dnia dowiedziałaś się o zniknięciu mamy.

Twoja rodzina raniła się pytaniami i wzajemnie obwiniała o jej zaginięcie.

Po wyjściu z domu brata poszłaś w stronę metra z myślą o powrocie do domu, ale po drodze zmieniłaś zdanie i wysiadłaś na stacji Dworzec Seul – tam właśnie zaginęła mama. Ludzie, którzy szli tłumnie w kierunku dworca, potrącali cię. Stałaś w miejscu, gdzie ojciec puścił dłoń mamy. Popychała cię fala przechodniów, którzy trącali cię z tyłu i przodu. Nikt nie powiedział: „Przepraszam". Pewnie tak to wyglądało tamtego dnia, kiedy mama stała zagubiona, nie wiedząc, co dalej robić.

Kilka lat temu, tuż przed twoją przeprowadzką do wielkiego miasta, mama zabrała cię na rynek do sklepu odzieżowego. Kiedy wybrałaś sobie prostą sukienkę bez ozdób, podsunęła ci inną, wykończoną falbanami na rękawach i na dole.
– A może ta?
– Nie – odepchnęłaś sukienkę od siebie.
– Dlaczego nie? Przymierz.
Oczy, wówczas jeszcze młodej mamy, zrobiły się okrągłe. Plisowana sukienka była o całe niebo lepsza od brudnej chusty owiniętej wokół jej głowy. Mama nosiła ją jak inne kobiety po to, by wsiąkał w nią pot, który spływa z czoła podczas pracy.
– Jest dziecinna.
– Naprawdę? – zapytała, ale chyba nie mogła się z tym pogodzić, bo ciągle oglądała przód i tył sukienki. – Na twoim miejscu przymierzyłabym ją.
Miałaś wyrzuty sumienia z powodu tego, co powiedziałaś. Odezwałaś się do mamy:
– Ona nie jest nawet w twoim stylu.
Na co ona odrzekła:
– Ależ nie, lubię tego typu ubrania, tylko nigdy nie mogłam takich nosić.

Jak daleko w głąb pamięci sięgają wspomnienia dotyczące jednej osoby? A twoje wspomnienia o mamie?

Od chwili, gdy usłyszałaś o zaginięciu mamy, nie byłaś w stanie skupić się na niczym dłużej niż przez minutę. Wspomnienia, które z wolna odchodziły w niepamięć, właśnie zaczęły powracać. Każdemu z nich, bez wyjątku, towarzyszyły wyrzuty sumienia. *Mogłam chociaż przymierzyć tamtą sukienkę.*

Przysiadasz, być może dokładnie w miejscu, w którym to samo mogła zrobić mama. Kilka dni po zakupie sukienki przyjechałyście pociągiem do Seulu. Mama mocno trzymała cię za rękę i prowadziła przez falujący tłum ludzi krokiem, który onieśmieliłby nawet budynki groźnie spoglądające z wysoka. Na brata miałyście czekać na placu z wieżą zegarową. Jak mama mogła zgubić tutaj drogę? Kiedy pojawiło się światełko nadjeżdżającego pociągu, ludzie ruszyli pośpiesznie, z irytacją patrząc na ciebie. Stanowiłaś przeszkodę na ich drodze.

Kiedy twoja mama puściła dłoń ojca na stacji Seul, ty byłaś w Chinach. Pojechałaś tam razem ze znajomymi pisarzami na targi książki, które miały się odbyć w Pekinie. W chwili, w której zgubiła się mama, ty na jednym ze stoisk wertowałaś kartki swojej książki przetłumaczonej na język chiński.

– Dlaczego, ojcze, nie wzięliście taksówki, tylko jechaliście metrem! Gdybyście nie jechali metrem, nie doszłoby do tego!

Ojciec myślał, że nie musi specjalnie brać taksówki, skoro dworzec kolejowy jest połączony ze stacją metra. Wszystkie sytuacje, a szczególnie niepomyślne wydarzenia, niosą ze sobą późniejsze rozważania – że trzeba było tego czy tamtego wtedy nie robić. Dlaczego wszyscy założyli, inaczej niż zazwyczaj, że rodzice będą w stanie sami trafić do domu brata? Przecież dotychczas zawsze ktoś z rodziny wychodził po nich na dworzec autobusowy. Gdy ojciec przyjeżdżał do miasta, ktoś z rodziny zabierał go samochodem lub sam jechał taksówką. Co sprawiło, że zdecydował się jechać metrem właśnie w tym dniu? Ojciec twierdził, że to mama chciała wsiąść do nadjeżdżającego metra. A kiedy wszedł do środka, zorientował się, że nie ma jej przy nim. I wszystko to musiało zdarzyć się właśnie w sobotnie ruchliwe popołudnie. Mama, pchana przez falę ludzi, puściła dłoń ojca, a metro odjechało. Została na peronie z pustymi rękami. Jej torbę trzymał ojciec.

W tamtej chwili ty wychodziłaś z targów i szłaś w kierunku placu Tian'anmen. Chociaż byłaś w Pekinie po raz trzeci, dotychczas nie miałaś okazji zwiedzić tego miejsca. Do tej pory oglądałaś go tylko z okien autobusu czy samochodu. Student, który objął rolę waszego przewodnika, zaproponował wycieczkę na plac Tian'anmen przed kolacją. Cała grupa była zadowolona z pomysłu. Co mogła robić twoja mama na stacji, gdy ty w tym czasie wysiadałaś z taksówki przed Zakazanym Miastem? Wasza grupa weszła do Zakazanego Miasta, ale zaraz je opuściła. Cały Pekin był w remoncie – przygotowania do igrzysk olimpijskich. Tylko część Zakazanego Miasta udostępniono zwiedzającym.

Za chwilę zamykali. Pomyślałaś o scenie z filmu *Ostatni cesarz*, w której stary Puyi wraca do Zakazanego Miasta, gdzie spędził dzieciństwo, i pokazuje młodemu turyście pudełko ze świerszczem wyciągnięte ze skrytki zza tronu. Puyi otwiera je. Świerszcz, którym bawił się w dzieciństwie, żył. Czy kiedy ty szłaś w kierunku placu Tian'anmen, twoja mama stała zupełnie zagubiona potrącana przez falę ludzi? Może czekała, aż ktoś po nią przyjdzie?

Drogę łączącą plac Tian'anmen z Zakazanym Miastem także remontowano. Żeby przedostać się z jednego miejsca do drugiego, trzeba było przejść skomplikowanym labiryntem. Być może, kiedy ty stałaś na placu Tian'anmen i spoglądałaś na latawce unoszące się na niebie, ona wołała twoje imię, bezsilnie osuwając się na kolana. Być może krążyła po labiryncie przejść na stacji Seul, gdy ty w tym czasie obserwowałaś otwarcie Bramy Niebiańskiego Spokoju i opuszczanie chińskiej flagi z pięcioma gwiazdkami. Ludzie, którzy byli wtedy na stacji, mówili, że pamiętają starszą kobietę – zapewne twoją matkę – która szła wolno, czasami osuwała się na kolana i bezmyślnie wpatrywała w ruchome schody. Za to inni opowiadali, że widzieli kobietę, która po bardzo długim oczekiwaniu na stacji wstała i wsiadła do nadjeżdżającego metra. Tej nocy, gdy twoja mama się zagubiła, ty wraz z grupą znajomych wzięłaś taksówkę i pojechałaś do rozświetlonej pekińskiej dzielnicy pełnej restauracji. W czerwonym świetle lamp próbowaliście 56-procentowej wódki chińskiej i jedliście gorące kraby smażone na oleju.

Ojciec wysiadł na następnej stacji i wrócił po mamę, ale jej tam już nie było.

Czy można się zgubić, nie wsiadając do tego samego pociągu? Przecież wszędzie są tablice informacyjne. Przecież można zadzwonić? Wystarczy jedno połączenie z budki telefonicznej.

Twoja bratowa stwierdziła, że coś musiało się stać z mamą. Nawet jeśli nie umiała się odnaleźć w metrze, z pewnością trafiłaby do domu syna. Coś musiało się stać mamie! „Mogła się zwyczajnie zgubić". Kiedy to powiedziałaś, oczy bratowej zrobiły się wielkie ze zdziwienia. „Wiesz dobrze, w jakim ostatnio była stanie!", ale bratowa odpowiedziała zaskoczona, że nie wie. Za to twoja rodzina wiedziała. Wiedziała, w jakim stanie była mama. I że, być może, nie będzie potrafiła sama wrócić.

Kiedy zorientowałaś się, że mama nie potrafi czytać?

Pierwszym napisanym przez ciebie listem był ten do starszego brata, który przeprowadził się do miasta. Mama dyktowała ci, co chciała mu przekazać. Twój brat ukończył szkołę średnią w miasteczku, w którym urodzili się wszyscy członkowie twojej rodziny. Później przez rok we własnym zakresie uczył się do egzaminu na urzędnika państwowego. Gdy zdał, wyjechał do dużego miasta. Była to pierwsza rozłąka mamy z dzieckiem. Wtedy jeszcze nie każdy miał telefon i jedynym pewnym środkiem komunikacji były listy.

Listy od brata do mamy pisane były zawsze dużymi literami. Twoja mama instynktownie wyczuwała dzień, w którym miała nadejść korespondencja od syna. Około godziny jedenastej do wioski przyjeżdżał listonosz z wielką torbą przewieszoną przez kierownicę roweru. W dzień nadejścia listu mama, bez względu na to, czy była na polu, czy robiła pranie w strumieniu, przybiegała do domu i odbierała z rąk listonosza kopertę. I czekała na twój powrót ze szkoły. A kiedy wracałaś, zabierała cię na werandę z tyłu domu i podając list, mówiła: „Czytaj głośno".

Listy od twojego brata zaczynały się słowami: „Droga Mamo!". Tradycyjnie pytał o zdrowie wszystkich na wsi i przekazywał wiadomości o swoim samopoczuciu. Informował, że raz na tydzień oddaje swoje pranie ciotce, którą mama poprosiła o pomoc. Uspokajał ją, że regularnie się odżywia i że mieszka w stróżówce urzędu gminy, gdzie jest zatrudniony dorywczo. Zapewniał, że wyjazd dał mu wiele możliwości, żeby dokonać czegoś w życiu. Opowiadał o swoich ambicjach, że chce odnieść sukces i sprawić, aby mama miała lepsze życie. Twój wówczas dwudziestoletni brat dyplomatycznie i szarmancko prosił, by mama nie martwiła się o niego, a jedynie dbała o swoje zdrowie.

Kiedy czytałaś list na głos, patrzyłaś na mamę, która siedziała nieruchomo, wpatrując się w łodygi *taro* i stojące na podwórzu słoje. Mama niczym królik nadstawiała uszu, by nie przepuścić żadnego słowa z czytanego przez ciebie listu. Gdy kończyłaś, kazała ci zapisywać odpowiedzi na papierze listowym. Zaczynała: „Drogi Hyong-cholu!". Hyong-chol to imię twojego starszego brata. Pisałaś dokładnie, tak jak dyktowała: „Drogi Hyong-cholu!". I chociaż nie powiedziała, żebyś postawiła wykrzyknik po imieniu brata, ty go tam stawiałaś. Kiedy mówiła: „Drogi Hyong-cholu", pisałaś „Drogi Hyong-cholu!". Gdy milkła, jakby zapomniała, co chce dalej powiedzieć, ty zakładałaś swoje krótkie włosy za uszy i czekałaś z długopisem w dłoni i wyostrzonym słuchem, spoglądając na papier listowy. Kiedy mówiła: „Jest zimno", ty pisałaś „Zrobiło się zimno". Przeważnie po zwrocie „Drogi Hyong-cholu" opisywała pogodę. „Jest wiosna i kwiaty rozkwitły. Jest lato i pole ryżowe zaczyna pękać. Nastała pora żniw, więc grobla na ryżowisku jest pełna soi". Jedyne chwile, kiedy mama nie posługiwała się dialektem, to czas dyktowania listu do brata. Prosiła go, by się troszczył o siebie, a o was się nie martwił. Było to jej jedyne pragnienie. Pierwsze słowa listu mamy „Drogi Hyong--cholu" były łatwe do przewidzenia. Czasem z tych emocji mówiła: „Przepraszam". Kiedy stawiałaś jedna za drugą drukowane litery, które były odwzorowaniem słów mamy, ogromne łzy kapały jej z twarzy na dłoń. List kończyła nieustannie tym samym zwrotem:

„Dobrze się odżywiaj.
Mama".

Byłaś trzecim dzieckiem i za każdym razem, gdy twoi starsi bracia wyjeżdżali z domu, obserwowałaś smutek rozstania, ból i niepokój, jaki przeżywała twoja mama. Po wyjeździe pierwszego z braci każdego ranka czyściła słoiki, które stały na półce na podwórzu. Ponieważ studnia znajdowała się z przodu domu, już samo noszenie wody było uciążliwym zajęciem, ale mimo to ona myła każdy słój po kolei. Zdejmowała pokrywki, szorowała górę i spód aż do połysku. Podczas tej pracy z jej ust płynęła pieśń. „Gdyby nie było tego morza pomiędzy mną a tobą, nie byłoby naszego bolesnego rozstania…" Mama raz za razem zanurzała w zimnej wodzie ścierkę, potem wyciągała ją, wyżymała i śpiesznie krzątała się pomiędzy słojami. Któregoś dnia usłyszałaś, jak śpiewa: „Mam nadzieję, że mnie nie opuścisz…". Kiedy zawołałaś: „Mamo!", odwróciła się, a w jej oczach, szczerych jak u cielęcia, zobaczyłaś wezbrane łzy. W końcu osunęła się bezsilnie na kolana, wymawiając imię Hyong-chola. Delikatnie odebrałaś jej ścierkę i wsparłaś na swoim ramieniu.

Mama okazywała miłość twojemu starszemu bratu, gotując *ramion* tylko dla niego, kiedy wracał po wieczornych zajęciach ze szkoły. Gdy czasem przypominasz mu o tym, mówi: „*Ramion* – też mi coś". „Co masz na myśli, mówiąc: też mi coś? W tamtym czasie był największym przysmakiem! A ty dostawałeś go do jedzenia w tajemnicy. I nikt inny!" Ale widocznie dla niego – kosmopolity – to nic szczególnego. Kiedy *ramion* pojawił się w sprzedaży, przebił smak jedzenia przygotowywanego przez mamę. Kupiła więc nowy produkt i schowała go w pustym słoju, żeby w nocy ugotować posiłek najstarszemu synowi. Jednak zapach gotowanego jedzenia obudził najpierw ciebie, a potem po kolei resztę rodzeństwa. Mama spojrzała na was i groźnie powiedziała: „Wszyscy do łóżka!", ale ty i twoje rodzeństwo patrzyliście jednakowo na najstarszego brata, który zamierzał włożyć do ust porcję makaronu. Bratu zrobiło się przykro i każdemu z was dał do spróbowania zupy z makaronem. Mama warknęła: „Od razu wyczujecie, kiedy jest coś do jedzenia!'". Nalała do garnka wody, włożyła całe opakowanie *ramionu*, zagotowała i podzieliła między was. Czułaś się taka szczęśliwa, gdy dostałaś miskę, w której było więcej wody niż makaronu. To dlatego podczas czyszczenia słoja, w którym ukrywała *ramion* dla brata, nie wytrzymywała natłoku wspomnień i gorzko płakała.

Dlatego jedyne, co mogłaś zrobić dla mamy, pogrążonej w smutku po wyjeździe któregoś ze starszych braci, to wrzucanie do skrzynki pocztowej dyktowanych przez nią listów. Czy nie zastanawiałaś się, dlaczego mama nigdy nie nauczyła się czytać i pisać? Dlaczego ani razu nie pomyślałaś o tym, kiedy czytałaś jej listy albo notowałaś odpowiedzi? Nigdy nie zapytałaś dlaczego nie zna liter, przez co jest uzależniona od małej dziewczynki? Posłusznie wykonywałaś jej polecenia: chodziłaś do ogródka narwać malw i po naftę do sklepu. A po twoim wyjeździe z domu nie miała już kogo poprosić o notowanie swoich słów – ani razu nie otrzymałaś od niej listu. Dlaczego jednak sama nigdy nie napisałaś do mamy?

To z powodu telefonu. Mniej więcej w tym samym czasie, gdy opuściłaś dom, w mieszkaniu sołtysa został zainstalowany telefon publiczny. Był to pierwszy aparat telefoniczny w wiosce. Każdego ranka po przeprowadzeniu próby mikrofonu poprzez kilkukrotne pokrzykiwanie „aaa", zawiadamiano, kto ma się zgłosić, by odebrać telefon z Seulu. Rodzeństwo, które dotychczas przekazywało pozdrowienia listownie, zaczęło dzwonić na wiejski telefon. Od czasu umieszczenia aparatu we wsi za każdym razem, gdy słychać było z mikrofonu „aaa", ci, którzy mieli rodzinę w innych regionach, nieważne, czy byli na ryżowiskach, czy na polach uprawnych, nadstawiali uszu i słuchali, kogo proszono do telefonu.

W relacji matka – córka są możliwe dwie rzeczy: albo wzajemnie dobrze się znają, albo są sobie zupełnie obce.

Jeszcze do zeszłej jesieni byłaś przekonana, że znasz mamę bardzo dobrze. Wiedziałaś, co lubi, co zrobić, by ją uspokoić, jakie słowa chciałaby usłyszeć. Na pytanie: „Co teraz robi twoja mama?" byłaś w stanie odpowiedzieć w dziesięć sekund: „Suszy pędy paproci" albo „Jest niedziela, więc poszła do kościoła". Jednak zeszłej jesieni powstała jakaś przepaść między wami. Pewnego razu odwiedziłaś ją bez uprzedzenia i poczułaś, że już nie jesteś dla niej córką, tylko gościem. Nagle zaczęła denerwować się z powodu brudnego ręcznika czy okruchów jedzenia, które upadły na podłogę. Gdy przyjeżdżałaś do domu bez zapowiedzi, przepraszała za zabałaganione podwórze, nieświeżą pościel. Sprawdzała lodówkę i choć próbowałaś ją zatrzymać, szła na targ po składniki na przystawki. Przecież w rodzinie brudny stół po posiłku to nie problem. Kiedy patrzyłaś na nią, jak w pośpiechu sprząta codzienny bałagan, zrozumiałaś, że stałaś się gościem.

A może stałaś się dla mamy gościem już dużo wcześniej, gdy przeprowadziłaś się do miasta? Odkąd wyjechałaś, przestała cię upominać. A jak było wcześniej? Kiedy popełniłaś choćby najmniejsze przewinienie, ganiła cię surowo. Od najmłodszych lat zawsze mówiła do ciebie: „Ej, dziewczyno". W ten sposób chciała odróżnić cię od twoich braci, ale zwracała się do ciebie też tak, kiedy nakazywała ci wyzbyć się złych nawyków. Wtedy, kiedy nie akceptowała sposobu, w jaki jesz owoce, jak chodzisz, jak się ubierasz, czy w jaki sposób się odzywasz. Czasami w zadumie i z obawą przyglądała się twojej twarzy. Patrzyła na ciebie z troską, gdy rozciągałyście za rogi wykrochmalone prześcieradło, czy też, gdy dawała ci do włożenia podpałkę do tradycyjnego paleniska, by odparować ryż.

Pewnego mroźnego zimowego dnia, siedząc przy studni, obierałyście ze skóry płaszczkę na święto zmarłych i mama z nożem w dłoni powiedziała nagle do ciebie: „Musisz dużo się uczyć, żeby pójść w inny, lepszy świat". Czy zrozumiałaś wówczas jej słowa? Kiedy krzyczała na ciebie bez skrępowania, wołałaś „Mamo". Nie tylko dlatego, że w słowie „mama" było poczucie bliskości, ale też dlatego, że była w tym słowie prośba o przebaczenie. Prośba, by zamiast cię ganić, zechciała pogłaskać cię po głowie, i żeby zawsze była po twojej stronie, niezależnie czy postąpiłaś źle czy dobrze. Od tej pory zawsze mówiłaś „mama". Nawet teraz, gdy zaginęła. W nazwie „mama" była jakaś twoja potrzeba wiary w to, że jest cała i zdrowa. Wiary w to, że jest silna, że jest w stanie przejść przez wszystko, że zawsze, kiedy ty będziesz zmagać się z trudnościami w mieście, ona będzie czekać na telefon.

Zeszłej jesieni nie uprzedziłaś mamy, że do niej przyjedziesz. Nie uczyniłaś tego, aby oszczędzić jej licznych przygotowań związanych z twoimi odwiedzinami. Dom rodziców stał daleko od miasta Pohang, do którego przyleciałaś tamtego dnia wczesnym rankiem. Nawet w chwili, gdy wstawałaś o brzasku, by przed wylotem umyć włosy, nie myślałaś, że pojedziesz do miejscowości Jeongeup, aby zobaczyć mamę. Z Pohang do Jeongeup było trudniej dojechać i podróż trwała dłużej, niż gdybyś jechała prosto z Seulu. Było to coś, czego zwyczajnie byś nie zrobiła.

Kiedy dotarłaś do domu rodziców, brama była otwarta. Drzwi na korytarz też stały otworem. Planowałaś wrócić do miasta nocnym pociągiem, ponieważ następnego dnia byłaś umówiona z chłopakiem na obiad. I chociaż urodziłaś się w tej wiosce, miejsce to stało się dla ciebie zupełnie obce. Jedyne, co pozostało z dzieciństwa, to kilka krzewów czeremchy przy strumieniu, które wciąż stały na swoim miejscu. I tyle. Gdy przyjeżdżałaś do domu mamy, schodziłaś z głównej drogi i szłaś ku czeremchowej ścieżce, która biegła wzdłuż strumienia. Prowadziła do tylnej bramy domu rodziców. Dawno temu przy tej bramie stała wspólna, wiejska studnia, ale zabetonowano ją, gdy doprowadzono wodę do gospodarstw. Zanim przeszłaś przez mniejszą bramę, która prowadziła bezpośrednio do domu, nieoczekiwanie zatrzymywałaś się na chwilę w tym miejscu. Tupałaś stopą w twardy beton. To tu była studnia? Poczułaś nostalgię. Co dzieje się w głębi tego ciemnego betonu? Kiedyś woda ze studni żywiła wszystkich mieszkańców alei. Nie widziałaś, jak zamykano studnię. Któregoś dnia, kiedy odwiedziłaś rodzinny dom po długiej nieobecności, zobaczyłaś betonową drogę zamiast studni. Nie widziałaś na własne oczy, jak ją zabetonowano, więc nie mogłaś przestać myśleć, że pod betonem nadal jest woda.

Stanęłaś na chwilę w miejscu, w którym kiedyś była studnia, a potem minęłaś furtkę i zawołałaś: „Mamo!". Nie usłyszałaś jednak żadnej odpowiedzi. Promienie jesiennego słońca z wolna chyliły się ku zachodowi i wypełniały całe podwórze.

Weszłaś do środka i rozejrzałaś się po domu, ale mamy nie było ani w pokoju gościnnym, ani w pozostałych pomieszczeniach. W domu panował nieład. Na stole stała otwarta butelka z wodą, a na zlewie kubek. Na podłodze, na bambusowej macie, leżał wywrócony do góry dnem kosz na ścierki. Przepocona koszula ojca z rozpostartymi rękawami była niedbale przewieszona przez oparcie sofy. Jakby ją dopiero z siebie zdjął. Promienie popołudniowego słońca przenikały do pustego pomieszczenia. „Mamo!" Chociaż już wiedziałaś, że w środku jest pusto, zawołałaś raz jeszcze: „Mamo!".

Wyszłaś na zewnątrz i zobaczyłaś ją na podwórku, jak leży na niskiej drewnianej ławce w szopie bez drzwi. „Mamo!" – zawołałaś, ale nie było odpowiedzi. Włożyłaś buty i poszłaś w kierunku budynku. Z jego środka widać było całe podwórze. Dawniej to tutaj mama zaczyniała ciasto. Szopa stała się przydatnym miejscem, zwłaszcza od kiedy została poszerzona aż do sąsiedniego chlewa. Na półkach zamontowanych na ścianie mama układała stare, nieużywane naczynia kuchenne, a pod nimi szklane słoiki pełne marynat. To właśnie mama przeniosła tutaj zużytą drewnianą ławkę. Po tym, jak stary dom został zburzony, a w jego miejsce postawiono nowy, w zachodnim stylu, siadała na niej, aby wykonywać prace, z którymi nie mogła się uporać w nowoczesnej kuchni. Kruszyła czerwoną paprykę i soliła kapustę, aby zrobić *kimchi*, łuskała łodygi fasoli, robiła pastę paprykową lub suszyła ciastka sojowe.

Buda dla psa, która stała obok szopy, była pusta. Łańcuch leżał na ziemi. Zdałaś sobie sprawę, że nie widziałaś psa, kiedy weszłaś do domu. Rozejrzałaś się za nim i podeszłaś do mamy, ale ona nawet nie drgnęła. Musiała przed chwilą kroić cukinię, która teraz wysychała na słońcu. Deska do krojenia i nóż leżały na boku, a małe plasterki pokrojonej cukinii tuliły się do bambusowego kosza. Początkowo pomyślałaś, że mama śpi, ale przypomniałaś sobie, że nie miała zwyczaju drzemać w ciągu dnia. Spojrzałaś na jej twarz. Rękę trzymała na czole i wyglądała tak, jakby walczyła z czymś ze wszystkich sił. Usta miała zaciśnięte, a cała twarz pękała od głębokich zmarszczek.

– Mamo!

Nie otwierała oczu.

– Mamo! Mamo! Mamo!

Uklękłaś i potrząsnęłaś nią mocno. Lekko uniosła powieki. Oczy były przekrwione, krople potu pokrywały czoło. Nie poznawała cię. Jej twarz pełna bólu była wycieńczona. Tylko jakiś niewidzialny wróg mógł spowodować taki wyraz twarzy. Ponownie zamknęła oczy.

– Mamo!

Przytuliłaś ją i trzymając pod pachy, aby się nie zsunęła, pomogłaś ułożyć jej udręczoną głowę na swoich kolanach. Dlaczego była sama w takim stanie? Poczułaś oburzenie. Ktoś porzucił ją w szopie w tym stanie! Przecież sama ją opuściłaś… Pytałaś siebie, czy ludzie mogą być takimi egoistami? Byłaś głęboko wstrząśnięta i nie wiedziałaś, co robić. *Wezwać pogotowie? Czy może przenieść ją do domu? Gdzie jest ojciec?* Takie myśli przelatywały ci przez głowę, ale skończyło się na tym, że patrzyłaś, jak leży na twoich kolanach. Nigdy nie widziałaś tak wykrzywionej, nieszczęśliwej i udręczonej twarzy. Ręka, dotąd przyciśnięta do czoła, opadła luźno na ziemię. Mama, zupełnie wyczerpana, z trudem oddychała. Ręce i nogi stały się bezwładne, jakby nie mogła już dłużej dusić w sobie bólu.

– Mamo!

Twoje serce waliło, gdy patrzyłaś na jej wyczerpane ciało. Pomyślałaś, że może zaraz umrzeć, jednak ona spokojnie otworzyła oczy i spojrzała prosto na ciebie. Powinna być zaskoczona, że tu jesteś, ale nic takiego nie było widać w jej oczach. Była zbyt słaba, aby w ogóle reagować. Chwilę później, z matowym wyrazem twarzy wypowiedziała twoje imię. I wymamrotała coś słabo. Pochyliłaś się.

– Kiedy moja siostra umarła, nie mogłam nawet płakać. Jej twarz stała się blada i zapadła. Na ten widok nie byłaś w stanie wydusić z siebie ani słowa.

Pogrzeb ciotki odbył się na wiosnę. Nie poszłaś na niego, nawet jej nie odwiedziłaś, mimo że chorowała od roku. A co takiego ważnego robiłaś w tym czasie? W dzieciństwie ciotka była dla ciebie jak druga mama. Podczas letnich wakacji mieszkałaś w jej domu położonym tuż za górą. Spośród całej twojej rodziny to ona miała z tobą najlepszy kontakt. To prawdopodobnie dlatego, że wyglądałaś jak mama – ciotka zawsze mawiała: „Ty i twoja mama jesteście ulepione z jednej gliny!". Razem z tobą karmiła króliki, plotła ci włosy i wspominała wspólne dzieciństwo spędzone z twoją mamą. Gotowała jęczmień z łyżką ryżu i zostawiała go specjalnie dla ciebie. W nocy leżałaś na jej kolanach i słuchałaś różnych opowieści. Pamiętasz, jak wsuwała rękę pod twoją głowę. Chociaż umarła, wciąż czujesz jej zapach z tamtych czasów. Spędziła starość, wychowując wnuki, podczas gdy ich rodzice prowadzili piekarnię. Pewnego dnia, kiedy niosła na plecach dziecko, spadła ze schodów. W szpitalu okazało się, że nowotwór rozprzestrzenił się w jej ciele do tego stopnia, że było już za późno na ratunek. Twoja mama powiedziała wtedy tylko: „Moja biedna starsza siostra!".

– Dlaczego nie wykryli choroby wcześniej?

– Ona nigdy nie chodziła do lekarza, nawet na kontrolę.

Mama odwiedziła siostrę i nakarmiła ją płatkami owsianymi. Słuchałaś w ciszy, kiedy opowiadała przez telefon: „Wczoraj byłam u ciotki. Zrobiłam owsiankę z sezamem. Miała dobry apetyt". Byłaś pierwszą osobą, do której zadzwoniła, kiedy okazało się, że ciotka zmarła.

– Moja siostra umarła.
– ...
– Nie musisz przyjeżdżać, jeżeli jesteś zajęta.
Nie poszłaś na pogrzeb. Nie dlatego, że mama tak powiedziała, ale dlatego, że miałaś coś ważnego do skończenia. Twój starszy brat, który wziął udział w uroczystościach, powiedział, że zaniepokoił go wygląd i zachowanie mamy. Nie tylko nie płakała, ale nawet nie chciała iść na cmentarz.
– Naprawdę? – zapytałaś.
Jemu też wydawało się to dziwne, ale spełnił jej życzenie.
Tego dnia w szopie mama z twarzą znękaną bólem wyjawiła, że nie mogła nawet płakać, gdy jej siostra umarła.
– Dlaczego nie? Kiedy się chce płakać, trzeba płakać.
Poczułaś ulgę, że mama, choć nadal słaba, wraca do siebie. Zmrużyła oczy.
– Nie mogę więcej płakać.
– ...?
– Głowa mnie tak boli, jakby miała zaraz eksplodować.
Zachodzące słońce delikatnie ogrzewało twoje ciało, spojrzałaś na twarz mamy na twoich kolanach, jakbyś widziała ją pierwszy raz.

Mamę boli głowa? Tak mocno, że nie mogła nawet płakać? Ciemne oczy mamy, kiedyś takie świecące i okrągłe jak oczy krowy, która za chwilę ma urodzić małe, otaczała teraz pajęczyna zmarszczek. Jej blade, pełne usta były suche i popękane. Nie wiedziałaś, że cierpi na tak silne bóle głowy, przez które powstrzymywała się od płaczu nawet na pogrzebie ciotki. Podniosłaś zwisającą bezwładnie z drewnianej ławki rękę mamy i ułożyłaś ją na brzuchu.

Wpatrywałaś się w ciemne plamy na jej dłoni naznaczonej ciężką pracą przez całe życie. Pomyślałaś, że nie znasz własnej mamy.

Kiedy wujek jeszcze żył, odwiedzał mamę w każdą środę. Właśnie wrócił do Jeongeup po tym, jak znudziło mu się życie koczownika. Nie było konkretnego powodu tych wizyt, po prostu wsiadał na rower, spotykał się z mamą i odjeżdżał. Czasami, zamiast wejść do domu, wołał już od bramy: „Siostro! Wszystko w porządku?". I zanim mama zdążyła wyjść na podwórko, krzyczał: „Muszę już wracać!", i odjeżdżał na rowerze. O ile ci wiadomo, mama i jej brat nie byli sobie aż tak bliscy. Kiedyś, tuż przed twoim urodzeniem, wujek pożyczył sporo pieniędzy od twojego ojca i nigdy ich nie oddał. Twoja mama czasami wypominała to z wyrzutem. Twierdziła, że z powodu wuja zawsze czuła się dłużna wobec męża i jego siostry. Chociaż był to dług wujka, trudno jej było zaakceptować, że go nie spłacił. Kolejne lata upływały bez wieści od niego i mama czasem wspominała: „Co twój wujek może teraz robić?". Nie wiedziałaś, czy mama martwi się o niego, czy czuje do niego niechęć.

Pewnego dnia – było to przed budową nowego domu – mama usłyszała, jak ktoś otwiera bramę, wchodzi na podwórko i pyta: „Siostro, jesteś?". Jadłyście wtedy mandarynki. Na dźwięk znajomego głosu mama otworzyła drzwi i szybko wybiegła. Kto spowodował jej podekscytowanie? Zaciekawiona poszłaś za nią. A ona zatrzymała się na ganku i gdy spojrzała w kierunku bramy, krzyknęła: „Bracie!". Potem, nie troszcząc się o bose stopy, podbiegła do mężczyzny. To był twój wujek. Wybiegając z domu niczym wiatr, biła się pięścią w pierś i wołała: „Bracie! Bracie!".

Obserwowałaś ją z ganku. Po raz pierwszy usłyszałaś, jak nazwała kogoś „bratem". Dotychczas, gdy wspominała o nim, zawsze nazywała go „twoim wujkiem". Byłaś zaskoczona, gdy zobaczyłaś radosną mamę, która biegnie w kierunku wujka i nazywa go „bratem", aż wreszcie zdałaś sobie sprawę, że ona też ma rodzeństwo! Czasami, kiedy wspominałaś tamtą scenę, uśmiechałaś się do siebie – mama w podeszłym wieku, która jak dziecko biegnie w stronę wujka i krzyczy: „Bracie!".

Tamta mama zachowywała się tak, jakby była dziewczynką młodszą od ciebie. Tamta mama utkwiła ci w głowie. Nie wiesz, dlaczego tak długo zastanawiałaś się nad czymś, co było tak oczywiste. Dla ciebie mama była zawsze mamą. Nigdy nie przyszło ci do głowy, że ona kiedyś też stawiała pierwsze kroki, że najpierw miała trzy lata, potem dwadzieścia trzy. Mama była mamą. Urodziła się mamą. Tak było, dopóki nie zobaczyłaś jej, jak biegnie w kierunku wuja. Uświadomiłaś sobie, że mama tak jak ty kochała swoje rodzeństwo i że też miała swoje dzieciństwo. Od tego czasu zaczęłaś myśleć o niej jak o małym dziecku, małej dziewczynce, młodej kobiecie, dopiero co poślubionej oraz o matce, która właśnie urodziła ciebie.

Widząc mamę w takim stanie, nie mogłaś zostawić jej samej i wrócić do miasta. Ojciec był w Sokcho z kilkoma osobami z Regionalnego Centrum Tradycyjnej Sztuki Koreańskiej. Do domu miał wrócić dopiero za dwa dni. Mimo że mamie przeszedł najsilniejszy ból, nadal nie mogła uwolnić się od niego całkowicie. Nie była w stanie ani się uśmiechać, ani płakać. Nie zrozumiała, kiedy zasugerowałaś jej, że powinna pójść do szpitala. Zaprowadziłaś ją do domu. Szła ostrożnie, aby uniknąć bólu. Upłynęło trochę czasu, zanim przyznała ci się, że ciągle miewa bóle głowy, a raz na jakiś czas to takie naprawdę silne. Pogodziła się z nimi.

Czy twoi bracia wiedzieli o bólach głowy mamy? A ojciec?

Postanowiłaś, kiedy tylko wrócisz do miasta, powiedzieć braciom o dolegliwościach mamy i zabrać ją do dużego szpitala. Gdy była już w stanie poruszać się samodzielnie, zapytała: „Nie musisz już wracać?". Od pewnego czasu twoje wizyty w domu stały się krótsze. Przyjeżdżałaś zaledwie na kilka godzin i wracałaś do miasta. Pomyślałaś o swojej randce, na którą byłaś umówiona następnego dnia, jednak powiedziałaś mamie, że zamierzasz zostać na noc. Pamiętasz ten uśmiech, który pojawił się na jej twarzy.

Położyłaś w kuchni na stole żywą ośmiornicę, którą kupiłaś na targu rybnym w Pohang. Ani ty, ani twoja mama nie wiedziałyście, co z nią zrobić. Usiadłaś naprzeciwko niej przy stole, jak za starych czasów, i spokojnie zaczęłyście jeść skromny posiłek: przystawki z *kimchi*, duszone tofu, smażone anchois i wodorosty. Gdy mama owinęła ryż kawałkiem wodorostów, tak jak zwykła to robić, gdy byłaś mała, wzięłaś go od niej i zjadłaś. Po kolacji krążyłyście obie wokół domu, aby strawić jedzenie. To już nie był ten sam dom, w którym dorastałaś. Drewniane półki ustawione na podwórzu, kiedyś zapełnione glinianymi słoikami z sosem sojowym, solą i pastami z czerwonej papryki i fasoli, teraz stały puste. Podczas spaceru wokół domu mama, która szła raz z przodu, raz z tyłu, zapytała cię, dlaczego wróciłaś do domu tak nagle.

– Byłam w Pohang.
– To daleko stąd – stwierdziła.

– Tak.
– To dalej niż z Seulu.
– Tak.
– To czemu przyjechałaś aż stamtąd, skoro nie masz nawet czasu na odwiedziny?

Zamiast odpowiedzi rozpaczliwie chwyciłaś ciężką rękę mamy, jakbyś chwytała za życie po omacku – nie wiedziałaś, jak wytłumaczyć jej swoje uczucia. Powiedziałaś tylko, że rano miałaś tam wykład w Bibliotece Braille'a.
– Biblioteka Braille'a? – zapytała.
– Alfabet Braille'a to specjalny zapis stworzony dla niewidomych.

Mama kiwnęła głową. Podczas spaceru wokół domu opowiedziałaś jej o wycieczce do Pohang. Od kilku lat Biblioteka Braille'a zapraszała cię do siebie, ale za każdym razem odmawiałaś im ze względu na inne zobowiązania. Wczesną wiosną otrzymałaś kolejny telefon. Właśnie opublikowałaś swoją najnowszą książkę. Bibliotekarz powiedział, że chcieliby ją wydać w alfabecie Braille'a. *Alfabet Braille'a?* Nie wiedziałaś o nim zbyt wiele, tylko, że to pismo niewidomych, tak jak powiedziałaś mamie. Słuchałaś go obojętnie, jakbyś słuchała o książce, której jeszcze nie czytałaś. Bibliotekarz poprosił o twoją zgodę. Gdyby sam nie wymówił słowa „zgoda", może w ogóle nie przystałabyś na jego propozycję. Poruszyła cię jednak jego prośba. Niewidomi chcą przeczytać twoją książkę, dlatego proszą o pozwolenie na wydanie jej pismem brajlowskim. Odpowiedziałaś: „Jasne" i poczułaś się bezsilna. Bibliotekarz poinformował cię, że książka ukaże się w listopadzie, w miesiącu, w którym niewidomi obchodzą Dzień Alfabetu Braille'a. Byłoby dla nich ogromnym zaszczytem, gdybyś tego dnia wzięła udział w promocji książki.

Zawahałaś się, ale nie powiedziałaś „nie". Była dopiero wczesna wiosna i listopad wydawał ci się odległy. Czas jednak szybko mijał, przyszła wiosna i lato, a potem jesień i zaczął się listopad. I nastał ten dzień.

Większość zaplanowanych działań nie powinna być trudna do przewidzenia. Nagłe zdarzenia są możliwe w każdym czasie. Zderzenie z nieoczekiwanymi wydarzeniami często oznacza, że nie mieliśmy o nich pojęcia, bo ich nie przemyśleliśmy. Gdybyś wcześniej przemyślała swoją podróż do Biblioteki Braille'a, przewidziałabyś to, co się tam wydarzyło. Byłaś jednak ciągle zajęta. Nawet w dniu, w którym miałaś tam iść, nie pomyślałaś o osobach, które spotkasz. Martwiłaś się, że nie zdążysz na spotkanie o dziesiątej. Ledwo zdążyłaś na lot o ósmej rano. W poczekalni biblioteki niewidomy dyrektor przy pomocy wolontariuszy usiadł przed tobą. Przywitał się grzecznie, mówiąc: „Dziękuję za przybycie z tak daleka", i wyciągnął rękę. Próbowałaś ukryć zdenerwowanie, potrząsnęłaś jego ręką i powiedziałaś wesoło: „Witam". Miał delikatną dłoń. Rozmawialiście o twojej książce aż do rozpoczęcia uroczystości. Chociaż nie mógł zobaczyć twojego uśmiechu, ty uśmiechałaś się i przytakiwałaś.

Tego dnia obchodzono Dzień Braille'a. Gdy weszłaś do sali, czekało na ciebie już czterystu słuchaczy, ale wciąż do środka wchodzili inni – kobiety i mężczyźni w różnym wieku prowadzeni przez wolontariuszy, nie zauważyłaś tylko dzieci. Kiedy zaczęła się uroczystość, kilka osób podeszło do mównicy, by coś powiedzieć. Wkrótce rozpoczęła się dyskusja na temat twojej książki w zapisie brajlowskim, więc podeszłaś do przodu, aby ją odebrać. Była dwa razy grubsza, ale znacznie lżejsza. Usłyszałaś oklaski i wróciłaś na swoje miejsce z książką w ręce.

Uroczystość trwała dalej. Niektórzy uczestnicy spotkania otrzymali nagrodę za czytelnictwo. Otworzyłaś swoją powieść i zrobiło ci się słabo na widok nieskończonej ilości punktów na białym papierze. Jakbyś wpadła w czarną dziurę. To tak jak przy schodzeniu po schodach – w zamyśleniu nie trafisz w stopień i spadasz na sam dół. Alfabet Braille'a rozmnażał się na białym papierze, nie potrafiłaś nic odczytać. Powiedziałaś mamie, że przewracałaś kartki strona za stroną – najpierw pierwsza, druga, trzecia – a potem zamknęłaś książkę. Widziałaś, że mama słucha uważnie twojej opowieści, więc mówiłaś dalej. Pod koniec spotkania, stojąc na podium, opowiadałaś zasłuchanej publiczności o swojej pracy. Położywszy książkę na podwyższeniu, spojrzałaś na nich i poczułaś, że sztywniejesz od stresu. Nie miałaś pojęcia, na co zwrócić uwagę, mając przed sobą czterystu niewidomych.

– Więc co zrobiłaś? – zapytała mama.

Powiedziałaś, że wydawało ci się wtedy, że nigdy nie skończy się te pięćdziesiąt minut. Byłaś typem osoby, która zawsze patrzy prosto w oczy podczas rozmowy. W zależności od zainteresowania widocznego w oczach słuchacza mogłaś opowiedzieć całą historię lub tylko jej część. Przed niektórymi mogłaś wyjawić coś, czego innym nigdy byś nie opowiedziała. Zastanawiałaś się: *Czy mama wie, że taka właśnie jestem?* Kiedy tak stałaś przed tłumem niewidomych, nie wiedziałaś, na kogo patrzeć i do kogo mówić. Niektóre oczy były zamknięte, a inne na wpół otwarte lub ukryte za ciemnymi okularami. Jeszcze inne przeszywały cię i potęgowały zdenerwowanie. Mimo że wszystkie były skierowane na ciebie, zaniemówiłaś, świadoma tego, że i tak cię nie widzą. Zastanawiałaś się, jaki sens ma wystąpienie o książce przed ludźmi, którzy cię nie widzą.

Nie wypadało jednak o tym mówić, pozostawały tylko anegdoty z twojego życia. A to raczej oni powinni snuć swoje historie. Nie wiedziałaś, jak zacząć, i pierwszymi słowami, które wydusiłaś z siebie do mikrofonu, było pytanie: „A więc jakie historie mam opowiedzieć?". Wszyscy wybuchnęli śmiechem. Czy śmiali się, ponieważ mogłaś opowiedzieć im każdą historię? A może chcieli dodać ci pewności siebie? Jakiś mężczyzna około czterdziestki odpowiedział: „A nie przyszła pani przypadkiem, aby porozmawiać o swojej powieści?". I skierował na ciebie swoje niewidzące spojrzenie. Patrząc na niego, zaczęłaś omawiać książkę. Mówiłaś o inspiracjach, o emocjach, jakie towarzyszyły ci podczas jej pisania, oraz o oczekiwaniach, jakie wzbudziły się w tobie zaraz po jej ukończeniu. Byłaś zaskoczona, z jaką uwagą słuchali twoich słów. Mową ciała udowadniali, że słuchali ciebie uważnie. Jedna osoba kiwała głową, inna lekko tupała nogą, ktoś jeszcze pochylał się nad osobą stojącą przed nim. Nawet jeśli nie rozumiałaś ani słowa z ich systemu pisma, oni dokładnie przeczytali twoją książkę, zadawali pytania oraz dzielili się swoimi przemyśleniami.

Powiedziałaś mamie, że zareagowali bardzo pozytywnie na twoją powieść, bardziej niż inni. Zasłuchana odezwała się: „A więc oni przeczytali twoją książkę?". Nastała krótka cisza. W końcu mama poprosiła cię, żebyś mówiła dalej. Kontynuowałaś. Gdy skończyłaś swoje wystąpienie, jakiś niewidomy mężczyzna uniósł rękę i zapytał, czy może zadać pytanie. Zgodziłaś się. Mimo ślepoty podróżowanie było jego hobby. Byłaś zaskoczona. *Jak niewidomy może podróżować?* Mężczyzna powiedział, że przeczytał książkę, którą napisałaś wiele lat temu. Jej akcja rozgrywała się w Peru. Główny bohater powieści udał się do Machu Picchu. W książce była scena, w której pociąg kursował do tyłu. Zafascynowała go. Po przeczytaniu zapragnął przejechać się tym pociągiem i dopytywał się teraz, czy nim jechałaś. Cóż, napisałaś tę książkę ponad dziesięć lat temu. Miałaś tak złą pamięć, że często po otwarciu drzwi od lodówki zapominałaś, dlaczego to zrobiłaś, aż po chwili zaczynałaś czuć chłód płynący z jej wnętrza. W końcu poddawałaś się i zamykałaś drzwi. A teraz zaczęłaś opowiadać o Peru, które zwiedziłaś przed napisaniem książki. Mówiłaś o tym, że wczesnym rankiem wybrałaś się pociągiem z dworca kolejowego San Pedro w Limie, nazywanego Pępkiem Świata, do Machu Picchu. Pociąg najpierw ruszył do przodu, a potem szarpnął kilka razy do tyłu, zanim ostatecznie ruszył w kierunku Machu Picchu.

– Nazwy miejsc i gór, które już zapomniałam, zaczęły wypływać z moich ust – powiedziałaś zasłuchanej mamie.

Gdy poczułaś przyjacielskie spojrzenie oczu, które nigdy nie widziały, ale rozumiały i akceptowały wszelkie uchybienia, wyjawiłaś coś, czego nigdy nie mówiłaś o swoich książkach.

– Co takiego? – spytała mama.

– Powiedziałam, że gdybym miała ponownie napisać tę książkę, zrobiłabym to inaczej.

– Czy to było tak istotne? – spytała ponownie.

– Tak, bo odrzuciłam coś, co już istnieje, mamo!

Ogarnięta falą samotności złapałaś ją za rękę. A ona przyglądała się tobie w ciemnościach.

– Dlaczego ukrywasz takie słowa? Musisz żyć w zgodzie z samą sobą i mówić swobodnie, co czujesz – wyciągnęła rękę z twojego uścisku i poklepała cię po plecach.

Kiedy byłaś dzieckiem, tymi spracowanymi dłońmi myła ci twarz. Mama pochwaliła cię:

– Ładnie opowiadasz.
– Ja?
Mama skinęła głową na potwierdzenie:
– Tak, tak, ładnie opowiadasz.
– Myślisz, że to była dobra historia?
– Tak, podobała mi się.
Podobają jej się moje opowieści? Poruszyło cię to. Wiedziałaś, że ta historia nie była aż tak dobra, ale po wizycie w bibliotece opowiedziałaś o niej w taki sposób. Odkąd wyjechałaś do miasta, zawsze rozmawiałaś z mamą tak, jakbyś była na nią zła. Odpowiadałaś jej, mówiąc: „Co ty wiesz, mamo?", „Dlaczego to robisz, będąc matką?" – rugałaś ją. „A dlaczego chcesz to wiedzieć?" – urywałaś chłodno. Kiedy zorientowałaś się, że nie ma już siły cię karcić, gdy pytała: „Dlaczego tam idziesz?", odpowiadałaś krótko: „Bo muszę".

Nawet wtedy, gdy musiałaś lecieć samolotem z powodu zagranicznego wydania książki lub seminarium, na pytanie: „Dlaczego tam jedziesz?", odpowiadałaś rzeczowo: „Bo mam do załatwienia sprawę". Mama prosiła cię, żebyś nie latała samolotem.

– Jeśli wydarzy się wypadek, od razu ginie dwieście osób.

Gdy pytała: „Dlaczego masz tak dużo pracy?", odpowiadałaś ponuro: „Wiem, mamo, wiem". Opowiadanie jej o twoim własnym życiu sprawiało ci problemy. Nie miałyście ze sobą nic wspólnego. Kiedy jednak mówiłaś o swoim zagubieniu na widok książki napisanej w alfabecie Braille'a i rosnącej panice, którą czułaś, gdy stałaś przed salą pełną niewidomych ludzi, słuchała tak uważnie, jakby ból głowy minął. Kiedy ostatni raz powiedziałaś mamie, co się działo w twoim życiu? Od jakiegoś momentu wasze rozmowy spowszedniały. Nawet te przez telefon. Twoje słowa dotyczyły tego, co jadła, czy była zdrowa, jak miewał się ojciec. Prosiłaś ją, aby dbała o siebie, by się nie przeziębiła lub informowałaś o wysłanych pieniądzach. Z kolei mama opowiadała, że zrobiła *kimchi* i trochę ci wysłała, że miała dziwne sny, że wysłała ci ryż, fermentowaną pastę z fasoli i serdecznik. Upominała, abyś nie wyłączała telefonu, ponieważ kurier zadzwoni przed dostawą.

Twoja książka wydana w alfabecie Braille'a zamieniła się w czterotomową powieść. Po zakończonej uroczystości, z pełną książek papierową torbą w dłoni, pożegnałaś się ze wszystkimi w bibliotece. Miałaś jeszcze dwie godziny wolnego czasu przed odlotem. Pamiętasz, że stałaś na podium i wyglądałaś przez okno, w ten sposób starałaś się odwrócić wzrok od ich oczu. W oddali widziałaś port usiany małymi i dużymi łodziami. Pomyślałaś, że w porcie musi być targ rybny. Wzięłaś taksówkę i poprosiłaś kierowcę, aby zawiózł cię na taki targ. W miejscach, w których jesteś po raz pierwszy, w wolnych chwilach lubisz pójść na bazar.

Nawet w dzień powszedni takie miejsca tętnią życiem. Na skraju bazaru zauważyłaś, jak dwoje ludzi tnie wielką rybę. Spytałaś, czy to tuńczyk, ale sprzedawca odpowiedział, że to samogłów prosto z oceanu. Przypomniała ci się postać z książki, której tytułu nie pamiętałaś. Jej bohaterka pochodziła z nadmorskiego miasteczka. Za każdym razem, kiedy miała problem, chodziła porozmawiać z samogłowem, który mieszkał w olbrzymim akwarium. Narzekała na swoją matkę, która zabrała jej wszystkie oszczędności i uciekła z młodszym od siebie mężczyzną do innego miasta. Jednak na końcu przyznała, że brakuje jej mamy. „A ty, samogłowie, jesteś jedynym, któremu mogę to powiedzieć!" *Może to ta sama ryba?* I zaczęłaś zastanawiać się nad jej niezwykłą nazwą, a potem zapytałaś: „Naprawdę nazywa się samogłów oceaniczny?". Sprzedawca powiedział, że ryba znana jest także jako *Mola Mola*. Usłyszawszy tę nazwę, poczułaś, że stres spowodowany wizytą w bibliotece zniknął. Dlaczego pomyślałaś o mamie podczas wędrówki wśród sterty owoców morza trzy razy tańszych niż w Seulu? Żywe ośmiornice z głowami większymi niż ludzkie, świeże ślimaki morskie, pałasze, makrele i kraby. Czy to samogłów oceaniczny sprawił, że pomyślałaś o mamie na targu rybnym?

Pamiętasz, jak czyściłaś z mamą płaszczkę przy studni? Przygotowałyście się wtedy do obrzędów ku czci przodków na Nowy Rok. Ręce mamy były zmarznięte od odrywania brązowawego śluzu, który przylegał do mięsa. Zatrzymałaś się jeszcze przy sklepie, w którym sprzedawano gotowane ośmiornice tak duże jak tułów dziecka, i kupiłaś jedną, żywą za piętnaście tysięcy wonów i kilka hodowlanych ślimaków morskich – mimo że były karmione różnymi wodorostami. Gdy powiedziałaś, że zamierzasz zawieźć je do Seulu, sprzedawca zaproponował ci pudełko z lodem za dodatkowe dwa tysiące wonów.

Po opuszczeniu bazaru z pojemnikiem z żywą ośmiornicą i ślimakami morskimi nadal miałaś wiele czasu do odlotu. Z książkami w jednej i pudełkiem w drugiej ręce wskoczyłaś do kolejnej taksówki i powiedziałaś kierowcy, żeby zabrał cię na plażę. Wystarczyły trzy minuty, aby się tam dostać. Szeroka plaża w listopadzie była pusta, z wyjątkiem dwóch par na randce. Gdy szłaś w stronę wody, prawie dwukrotnie upadłaś. Usiadłaś na drobnoziarnistym piasku i spoglądałaś w stronę morza. Potem odwróciłaś się i spojrzałaś na sklepy oraz apartamentowce po drugiej stronie ulicy oknami skierowane na ocean. Pomyślałaś, że podczas gorącej nocy ich mieszkańcy mogą wskoczyć do oceanu, a po powrocie do domu wziąć prysznic. W roztargnieniu wyjęłaś książkę z papierowej torby i otworzyłaś ją. Białe kropki na stronach błyszczały w słońcu.

Gdy przesuwałaś palcem wzdłuż niewidocznego w słońcu alfabetu Braille'a, zaczęłaś zastanawiać się, kto nauczył cię czytać. To był twój młodszy brat. Oboje leżeliście na brzuchu na werandzie starego domu. Mama siedziała obok was. Twój brat, spokojna dusza, sprawiał najmniej kłopotów spośród waszego rodzeństwa. Nie mogąc sprzeciwić się rozkazom mamy, ze znudzoną miną uczył cię w kółko pisać cyfry, spółgłoski i samogłoski. Próbowałaś pisać lewą ręką, ale on za każdym razem bił cię po niej bambusową linijką. Naśladował mamę. Choć wolałaś wykonywać większość czynności lewą ręką, mama przestrzegała cię, że będziesz płakać w życiu, jeśli przyzwyczaisz się do tego. Gdy lewą ręką nabierałaś w kuchni ryż, wyrywała ci miarkę i wkładała w prawą. Jeśli nadal robiłaś to samo, chwytała za miarkę i biła cię po lewej dłoni, krzycząc: „Dlaczego nie chcesz mnie słuchać?". Robiła to dotąd, aż w końcu spuchła ci ręka. Mimo wszystko, gdy brat nie patrzył, szybko przekładałaś ołówek do lewej dłoni i rysowałaś dwa koła, jedno na drugim, aby utworzyły cyfrę osiem. Następnie przekładałaś ołówek z powrotem do prawej ręki. Jeżeli się zorientował, kazał ci wyciągnąć dłoń i uderzał w nią linijką. Kiedy uczyłaś się czytać, siadałaś w kucki na ganku. Mama, cerując skarpetki lub obierając czosnek, spoglądała wtedy na ciebie. Gdy jeszcze przed pójściem do szkoły nauczyłaś się pisać swoje i mamy imię oraz czytać książki, jej twarz rozkwitła niczym kwiat mięty.

Nagle jej oblicze pokryło się alfabetem Braille'a, którego nie mogłaś odczytać. Wstałaś z piasku. W pośpiechu ruszyłaś w drogę, nie troszcząc się o ubranie pokryte piaskiem. Zdecydowałaś, że nie polecisz samolotem do Seulu. Zamiast tego wzięłaś taksówkę z Taejon do Jeongeup, a stamtąd udałaś się do domu rodziców. Zdałaś sobie sprawę, że prawie od roku nie widziałaś twarzy mamy.

Przypomniała ci się twoja klasa z dawnych czasów.

Tego dnia ponad sześćdziesięcioro dzieci złożyło podanie o przyjęcie do gimnazjum. Byłaś jednym z tych dzieci, które tego nie zrobiły. Zupełnie nie rozumiałaś, co to znaczy, że mogłabyś się nie dostać do gimnazjum. Poczułaś się jeszcze bardziej winna, gdy w nocy mama krzyczała na chorego ojca, który leżał w łóżku: „Nie mamy dla niej nic. Jeżeli nie poślemy jej dalej do szkoły, jak ma sobie poradzić w świecie?!". Ojciec wstał i wyszedł z domu bez słowa. Mama podniosła tacę z podłogi i wyrzuciła ją ze złością na podwórko. „Co to za życie, skoro nie jesteśmy w stanie posłać dzieci do szkoły? Wszystko zaraz porozbijam!"

Miałaś nadzieję, że mama się uspokoi, bo i tak było ci wszystko jedno, czy pójdziesz do szkoły, czy nie. Jednak nie uspokoiła się nawet wtedy, kiedy przewróciła stół. Z trzaskiem otworzyła i zamknęła drzwi do piwnicy, szarpiąc zdjęła pranie, zgniotła je w rękach i rzuciła na ziemię. Potem podeszła do ciebie, ukrytej za studnią, zdjęła chustę z głowy i podsunęła pod nos. Powiedziała: „Wydmuchaj nos". Chusta śmierdziała intensywnie potem, ponieważ nosiła ją na głowie cały czas. Nie chciałaś tego zrobić. Za nic do tej śmierdzącej chusty. Ona jednak nalegała, żebyś wydmuchała nos ze wszystkich sił. Gdy zawahałaś się, powiedziała, że to dobry sposób na zatrzymanie łez. Spojrzałaś na nią z wyrazem twarzy, który mówił: „Ja wcale nie płaczę". Dla mamy wydmuchanie nosa oznaczało koniec płaczu. Nie mogłaś sprzeciwić się jej poleceniu. Smarki i pot zmieszały się razem w chuście.

Mama poszła do szkoły z głową owiniętą w tę sąmą chustę.. Nauczyciel po rozmowie z nią dał ci do wypełnienia formularz. Wpisując swoje nazwisko do podania, podniosłaś głowę i spojrzałaś na korytarz. Mama bacznie obserwowała cię przez szybę. Gdy wasze spojrzenia się spotkały, zdjęła chustę z głowy, pomachała nią i uśmiechnęła się pogodnie. Gdy nadszedł termin płatności za czesne, złoty pierścionek, który nosiła na środkowym palcu lewej dłoni – jedyna biżuteria mamy – zniknął z jej ręki. Pozostał po nim tylko ślad na palcu w postaci wyżłobionego przez wiele lat rowka.

Ból głowy zaatakował mamę na dobre.

Obudziłaś się z pragnienia w środku nocy i zobaczyłaś, jak twoje książki wyłaniają się z ciemności. Wzięłaś urlop dziekański i wybierałaś się do Japonii ze swoim chłopakiem. Nie wiedziałaś tylko, co zrobić z tymi wszystkimi książkami, które stały się problemem podczas pakowania. Większą część książek, które miałaś długo ze sobą, wysłałaś do domu rodziców. Jak tylko mama je dostała, poukładała wszystkie w opróżnionym wcześniej pokoju. Nigdy nie miałaś okazji, aby zabrać je z powrotem do siebie. Podczas odwiedzin w domu rodziców korzystałaś z tego pokoju, przebierałaś się tam i przechowywałaś walizki, a gdy zostawałaś na noc, mama kładła w nim dla ciebie koc i matę do spania.

Spojrzałaś na książki zanurzone w ciemności i poszłaś do kuchni. Napiłaś się wody i gdy wracałaś do pokoju, pomyślałaś, czy mama ma dobry sen. Delikatnie otworzyłaś drzwi od jej pokoju. Wydawało się, że mamy tam nie ma.

– Mamo?

Nie było odpowiedzi. Zaczęłaś nerwowo szukać przełącznika na ścianie i zapaliłaś światło. Mamy nie było. Włączyłaś światło w pokoju gościnnym i otworzyłaś drzwi od łazienki, ale tam także jej nie było.

– Mamo! Mamo!

Pchnęłaś drzwi frontowe i znalazłaś się na podwórzu. Poranny wiatr owiewał twoje ubranie. Zapaliłaś światło na zewnątrz i zerknęłaś na drewnianą ławkę w szopie. Leżała na niej mama. Zbiegłaś po schodach i zajrzałaś do środka. Mama we śnie marszczyła brwi i spała z dłonią na głowie. Była boso. Jej palce podkurczyły się od zimna. Wasz prosty obiad i rozmowa podczas spaceru wokół domu legły w gruzach.

Był zimny listopadowy ranek, więc włożyłaś jej na nogi skarpetki i przykryłaś kocem, a sama usiadłaś obok. Czekałaś, aż się obudzi.

Mama zawsze zastanawiała się nad jakimś innym sposobem zarobienia pieniędzy. Kiedyś przyniosła do szopy drewnianą formę na słód. Brała pszenicę zebraną z pól i rozbijała ją, mieszając razem z wodą. Następnie taką masę wlewała do formy i wyrabiała słód. Po fermentacji cały dom pachniał słodem. Nikt nie lubił tego zapachu, ale ona twierdziła, że to zapach pieniędzy. We wsi znajdował się dom, w którym wyrabiano tofu – kiedy zaniosła im sfermentowany słód, sprzedali go browarni i w ten sposób zarobiła pieniądze. Włożyła je potem do białej miski, przykryła jeszcze sześcioma lub siedmioma innymi i postawiła na górze w szafce. Miska była jej bankiem, wkładała tam wszystkie swoje pieniądze. Kiedy przynosiłaś do domu rachunek za czesne, wyjmowała pieniądze z miski, liczyła je i dawała ci do ręki.

Kiedy rano otworzyłaś oczy, odkryłaś, że leżysz sama na drewnianej ławce. *A gdzie mama?*
Mamy nie było, ale usłyszałaś odgłosy krojenia, które dochodziły z kuchni, więc wstałaś i poszłaś tam. Miała właśnie pokroić rzodkiew. W ręku trzymała niepewnie nóż. Nie tak jak kiedyś, gdy kroiła warzywo niczym zawodowy kucharz. Nóż ześlizgiwał się z rzodkiewki na deskę do krojenia i wyglądało to tak, jakby za chwilę miała obciąć sobie kciuk.
– Mamo! Czekaj!
Odebrałaś jej nóż.
– Ja to zrobię, mamo.
Podeszłaś do blatu. Mama zawahała się, ale po chwili ustąpiła ci miejsca i odsunęła się na bok. W zlewie w metalowym koszyku leżała martwa ośmiornica, a na gazie stał parnik z nierdzewnej stali. Mama zamierzała umieścić na dole parnika rzodkiew oraz ośmiornicę. Miałaś zapytać: „Czy nie należy podsmażać ośmiornicy, a nie gotować jej na parze?". Ale nie zrobiłaś tego. Mama umieściła plasterki rzodkwi na dole parnika, potem włożyła półeczki do środka, na nich całą ośmiornicę i przykryła pokrywką. Był to jej sposób gotowania owoców morza.

Mama nie miała praktyki w obchodzeniu się z rybami, nawet nie znała ich nazw. Dla niej makrela, szczupak czy pałasz były tylko rybami. Ale rozróżniała za to rodzaje ziaren: fasolę, soję, fasolę białą, fasolę czarną. Gdy przygotowywała rybę, nigdy nie robiła z niej *sashimi*, nie piekła ani nie dusiła, ale zawsze soliła i gotowała na parze. Nawet do makreli lub pałasza przyrządzała sos na bazie soi z płatkami z czerwonego pieprzu, czosnku i dusiła z ryżem. Mama nigdy nie włożyła *sashimi* do ust. Gdy widziała ludzi, którzy jedli surowe ryby, patrzyła na nich z niesmakiem i mówiła: „Co oni robią?". Mama, która od siedemnastego roku życia gotowała na parze płaszczkę, chciała to samo zrobić z ośmiornicą.

Wkrótce w całej kuchni pachniało rzodkwią i ośmiornicą. Obserwowałaś, w jaki sposób przyrządzała ośmiornicę, i pomyślałaś o płaszczce.

Mieszkańcy rodzinnych stron mamy podczas ceremonii ku czci przodków składają im w ofierze płaszczkę. W kalendarzu mamy było kilka takich świąt – jedno na wiosnę i po dwa w sezonie letnim i zimowym. Każdego roku, siedząc obok studni, obierała siedem płaszczek, jedną na Nowy Rok według kalendarza księżycowego. Zazwyczaj kupiona przez nią ryba była tak duża jak wieko kotła. Kiedy mama wychodziła na targ po czerwoną płaszczkę, którą potem rzucała obok studni, oznaczało to, że zbliża się obrzęd ku czci przodków.

Czyszczenie ryby przed zimowymi obrzędami było ciężką pracą, ponieważ mróz zamieniał wodę w lód. Miałaś wtedy małe ręce, a mamy były pogrubiałe od ciężkiej pracy. Gdy ona swoimi czerwonymi, zmarzniętymi rękami wycinała nożem szczeliny na skórze płaszczki, twoje młode dłonie wyciągały z niej błony. Byłoby łatwiej, gdyby można je było wyciągnąć w jednym kawałku, ale one cały czas się rozrywały. Mama robiła kolejne nacięcie w rybie i tak cały proces się powtarzał.

Była to typowa scena zimowa – ty i twoja mama klęczałyście przy studni i obierałyście płaszczkę pokrytą cieniutkim lodem. Czyszczenie ryby powtarzało się każdego roku, tak jakby ktoś przewijał taśmę filmu.

Pewnej zimy, siedząc naprzeciwko, mama zerknęła na twoje zmarznięte ręce i odezwała się: „A kogo to obchodzi, czy my tę rybę obieramy?", a następnie przerwała to, co robiła, i pewnym ruchem pocięła płaszczkę na kawałki. Był to pierwszy raz, kiedy na obrzędowym stole leżała ryba w skórze. Ojciec był zdziwiony: „Co się stało z tą płaszczką?". Mama odpowiedziała: „To ta sama płaszczka, tylko nieobrana". Siostra ojca narzekała: „Należy troszczyć się o żywność dla przodków". „No to obierz ją sama" – odparła mama.

Tamtego roku przy każdej okazji wypominano mamie nieobraną rybę. Gdy śliwa nie miała owoców, gdy jeden z twoich braci, który grał w *yut*, został uderzony w oko patykiem, kiedy ojciec był w szpitalu, gdy kuzyni się kłócili. Siostra ojca narzekała, że to wszystko wina mamy, ponieważ nie obrała ryby na obrzędy dla przodków.

Mama położyła zaparowaną ośmiornicę na desce i próbowała ją pokroić, ale nóż ciągle się z niej ześlizgiwał. Tak samo było, gdy kroiła rzodkiew.

– Ja to zrobię, mamo.

Ponownie zabrałaś jej nóż. Pokroiłaś gorącą, pachnącą ośmiornicę, zamoczyłaś plasterek mięsa w sosie z czerwonego pieprzu i w sosie balsamicznym, i podałaś mamie. Tak samo robiła mama, gdy byłaś małą dziewczynką. Za każdym razem, gdy próbowałaś podnieść rybę pałeczkami do góry, mawiała:

– Jeśli zjesz ją pałeczkami, nie będzie tak smakować. Wystarczy otworzyć usta.

Gdy mama próbowała podnieść ją do góry swoimi pałeczkami, powtórzyłaś:
– Jeśli zjesz ją pałeczkami, nie będzie tak smakować. Wystarczy otworzyć usta. Włożyłaś kawałek ośmiornicy w usta mamy. Ona zrobiła to samo. Ośmiornica była ciepła i miękka. Pomyślałaś: *Ośmiornica na śniadanie?* Stałyście w kuchni i jadłyście palcami. Patrzyłaś na ręce mamy, które próbują podnieść kawałek mięsa. Te ręce nie miały siły. Włożyłaś jej do ust kolejną porcję. Ręka mamy wydawała się pozbawiona mocy i dlatego mama pozwoliła ci, byś nakarmiła ją sama. W pewnym momencie powiedziałaś:
– Matko.
Pierwszy raz nazwałaś ją matką.
– Matko, pojedźmy dzisiaj do Seulu.
– Pójdźmy lepiej w góry.
– W góry?
– Tak, w góry.
– Czy jest tu jakiś szlak turystyczny?
– Tak, sama go wymyśliłam.
– Pojedźmy do Seulu, a potem do szpitala.
– Później.
– Kiedy później?
– Po egzaminach wstępnych na studia twojej siostrzenicy.
Miała na myśli córkę starszego brata.
– Przecież możesz pojechać do szpitala ze mną, a nie z Hyong--cholem.
– Wszystko ze mną jest w porządku. Będzie dobrze. Pójdę do chińskiego lekarza na fizykoterapię.
Nie mogłaś jej przekonać. Mama upierała się, że pójdzie do szpitala później. Wtedy zapytała:

– Który kraj jest najmniejszy na świecie?
Najmniejszy kraj? Spojrzałaś na nią. Wydała ci się niezwykle obca. Zaczęłaś się zastanawiać, jaki kraj ma najmniejszą powierzchnię. Mama poprosiła cię, żebyś przywiozła jej różaniec z drzewa różanego z tego kraju.
– Różany różaniec?
– Różaniec z drzewa różanego – spojrzała na ciebie obojętnie.
– Potrzebujesz różańca?
– Nie, chcę tylko różaniec z najmniejszego kraju.
Mama głęboko westchnęła.
– Jeśli kiedykolwiek tam pojedziesz, kup mi taki.
Zamilkłaś.
– Bo ty możesz jechać w dowolne miejsce.
Rozmowa z mamą zatrzymała się w tym miejscu, nie powiedziała wtedy już nic więcej.

Po śniadaniu wyszłyście z domu i poszłyście na przełaj przez kilka pól ryżowych, które otaczały wieś, aż dotarłyście do ścieżki w górach. Nawet jeśli ludzie nie chodzili tą drogą, szlak był wyraźnie oznakowany. Gruba warstwa dębowych liści pokrywała ziemię pod stopami. Czasami gałązki drzew zwisające nad drogą muskały twoją twarz. Mama szła z przodu i odgarniała je, żebyś miała wolną drogę, a puszczała dopiero, kiedy przeszłaś.

Wystraszony hałasem ptak zerwał się z drzewa.
– Czy często tu przychodzisz?
– Tak.
– Z kim?
– Z nikim. Nie ma nikogo, kto by przyszedł tu ze mną.
Sama tędy wędrowała? Rzeczywiście, nie znałaś dobrze własnej mamy.

To była mało uczęszczana ciemna ścieżka. W niektórych miejscach bambusy były tak grube, że zasłaniały niebo.

– Dlaczego chodzisz tędy sama?

– Przyszłam tu po raz pierwszy, kiedy umarła twoja ciotka i od tamtej pory tu wracam.

Mama zatrzymała się na wzgórzu. Podeszłaś do niej i popatrzyłaś w tym samym kierunku. Nagle zawołałaś:

– A, to ta droga!

Była to ścieżka, o której zupełnie zapomniałaś – skrót do domu twojej matki, którym często chodziłaś, gdy byłaś mała. Nawet po zbudowaniu wielkiej drogi, która przebiegała przez wieś, ludzie nadal korzystali z tej górskiej ścieżki. To tą drogą schodziłaś ze wzgórza w dniu, kiedy babcia odprawiała rytuały ku czci przodków. Ciągnęłaś za sobą żywą kurę na sznurku. Sznurek wypadł ci z ręki i zgubiłaś ją. Szukałaś jej wszędzie, ale nie znalazłaś. Gdzie się podziała? Ślad po niej zaginął.

Kiedyś chadzałaś tą dróżką z zamkniętymi oczami, rozpoznawałaś ją jedynie ze wzgórza. Mama wpatrywała się w miejsce, gdzie kiedyś stał dom babci. Nikt już tam nie mieszkał. Ludzie ze wsi, która dawniej liczyła pięćdziesiąt gospodarstw, wyprowadzili się. Kilka pustych domów nie zostało jeszcze zburzonych, ale nikt już tutaj nie przychodził. *Czy mama przychodziła tutaj, aby popatrzeć na pustą wioskę, w której się urodziła?* Objęłaś ją w talii i ponownie zasugerowałaś, żeby pojechała z tobą do Seulu. Nie odpowiedziała, a zamiast tego wzięła na ręce psa. Ciekawiło cię, dlaczego pies nie był w budzie, ale nie zapytałaś.

Przed rokiem, kiedy latem przyjechałaś do domu rodzinnego, Jindo był uwiązany na łańcuchu przy szopie. Panował upał, a łańcuch był tak krótki, że pies ledwo dyszał i sprawiał wrażenie, jakby się dusił. Poprosiłaś mamę, aby zdjęła łańcuch. Ona jednak stwierdziła, że musi być na uwięzi, bo ludzie się go boją. *Jak mogła trzymać psa na łańcuchu, zwłaszcza na wsi...* Z jego powodu zaczęłyście się kłócić. Mama uważała, że nikt na wsi nie pozwala psu swobodnie biegać, każdy trzyma go na łańcuchu, bo inaczej ucieknie. Nalegałaś: „Musisz zakładać dłuższy łańcuch. Jak pies ma przetrwać w tym upale na tak krótkim łańcuchu? Czy traktujesz go tak tylko dlatego, że nie może mówić?". Mama tłumaczyła ci, że był to jedyny łańcuch, jaki miała w domu, jeszcze po poprzednim psie. „Możesz kupić inny!" Chociaż przyjechałaś do domu po raz pierwszy po dłuższej nieobecności, zanim jeszcze na dobre zdołałaś wejść do środka, wsiadłaś do samochodu i ruszyłaś z powrotem do miasta. Przywiozłaś łańcuch tak długi, że pies mógł chodzić po podwórku. Wtedy zdałaś sobie sprawę, że buda była za mała. Chciałaś jechać z powrotem po nową. Mama zatrzymała cię, mówiąc, że w sąsiedniej wsi jest stolarz, którego mogłaby poprosić o zbudowanie nowej budy. Nie mogła pojąć, jak można płacić za budę dla psa. „Wszędzie są kawałki drewna i wszystko, co należy zrobić, to postukać młotkiem tu i tam, a ty chcesz płacić za nową budę? Musisz mieć za dużo pieniędzy". Przed powrotem do miasta dałaś jej dwa czeki po dziesięć tysięcy wonów każdy, aby kupiła nową budę dla psa. Mama obiecała, że tak zrobi.

Po powrocie do Seulu dzwoniłaś kilka razy, aby upewnić się, że dotrzymała obietnicy. Choć mogła skłamać, za każdym razem mówiła: „Zrobię to, zrobię to wkrótce". Kiedy po raz czwarty zadzwoniłaś i usłyszałaś tę samą odpowiedź, rozgniewałaś się.

– Dałam ci pieniądze na nową budę! Na wsi ludzie są okrutni. Nie czujesz się z tym źle? Jak pies może wytrzymać w tak małym pomieszczeniu, zwłaszcza w upał? W środku są jego odchody, tarza się w nich, a ty nawet po nim nie posprzątasz. Jak taki duży pies ma żyć w tak małej budzie? Lepiej wypuść go na podwórze!

Telefon zamilkł. Zaczęłaś żałować swoich słów. Usłyszałaś złość w głosie mamy.

– Dbasz bardziej o psa niż o własną matkę? Czy uważasz, że wykorzystuję zwierzęta? Nie mów mi, co mam robić! Zrobię to, co zechcę!

Mama pierwsza odłożyła słuchawkę. A zazwyczaj to ty pierwsza kończyłaś rozmowę. Mówiłaś: „Mamo, zadzwonię do ciebie potem", ale już nie dzwoniłaś. Nie miałaś czasu słuchać wszystkiego, co twoja mama miała do powiedzenia. Tym razem jednak to ona rzuciła słuchawką. Po raz pierwszy była na ciebie tak zła. Mamie było przykro. Wysłała cię do Seulu, do Hyong-chola, ponieważ nie była w stanie odpowiednio się tobą zająć. To ona zazwyczaj przedłużała wasze telefoniczne rozmowy. Mimo iż pierwsza odłożyła słuchawkę, byłaś bardziej rozczarowana jej stosunkiem do psa niż do ciebie. Zastanawiałaś się: *Jak to możliwe, że tak zrobiła?* Zazwyczaj opiekowała się wszystkimi zwierzętami w domu. Pewnego razu po przyjeździe do Seulu już po trzech dniach stwierdziła, że musi wracać do domu, aby nakarmić psa. Jak mogła stać się taka bezlitosna? Byłaś zła na nią, na jej nieczułość.

Kilka dni później mama zadzwoniła.

– Stałaś się bardzo zimna. Jeżeli twoja mama się rozłącza, powinnaś do niej oddzwonić. Jak możesz się tak zachowywać?

Nie byłaś uparta. Nie miałaś czasu o tym myśleć. To ona rozłączyła się pierwsza ze złości, a uważała, że to ty powinnaś wykonać pierwszy krok. Ale ty ze względu na różne zajęcia nie zrobiłaś tego.

– Czy wszyscy wykształceni ludzie zachowują się w ten sposób?

Zła odłożyła ponownie słuchawkę.

Tuż przed dożynkami pojechałaś do domu rodziców i obok szopy zobaczyłaś dużą budę, wysłaną sianem.

Twoja mama zaczęła opowiadać.

– Pewnego dnia w październiku, kiedy płukałam ryż w zlewie, poczułam, że ktoś puka mnie w plecy. Kiedy odwróciłam głowę, nikogo nie zobaczyłam. Tak było przez trzy dni. Czułam czyjś dotyk na plecach, jakby ktoś wołał mnie, ale gdy się odwracałam, tego kogoś nie było. Czwartego dnia, jak tylko się obudziłam, poszłam do łazienki. Przed nią leżał pies. Ze złością mówiłaś, że źle go traktuję. A ja spotkałam go, włóczącego się bez celu po torach kolejowych, zagłodzonego i pokrytego świerzbem. Poczułam litość, więc przyprowadziłam go do domu, przywiązałam i nakarmiłam. Jeśli nie będzie na łańcuchu, może uciec. Ktoś go złapie i zje... Tego dnia nie ruszał się. Na początku myślałam, że śpi. Nie dawał znaku życia nawet wtedy, gdy go dotykałam. Poprzedniego dnia dużo zjadł, a teraz zamarł w bezruchu, jakby spał. Nie wiem, jak uwolnił się z łańcucha. Na początku był bardzo chudy, same kości. Po pewnym czasie utył, a sierść zaczęła na nim błyszczeć. I był taki mądry. Łapał krety.

Mama zatrzymała się, aby złapać oddech.

– Mówią, że jeśli ugościsz człowieka, to i tak cię zdradzi, a jeśli będzie to pies, na pewno odpłaci ci dobrem. Myślę, że pies zajął moje miejsce.

Tym razem ty westchnęłaś.

– Poprzedniej wiosny spotkałam pewnego mnicha, któremu dałam pieniądze. Powiedział, że w tym roku umrze jeden

z członków naszej rodziny. Kiedy to usłyszałam, zaniepokoiłam się. Cały rok zastanawiałam się nad jego słowami. Myślę, że śmierć chciała przyjść po mnie, ale byłam zajęta myciem ryżu, więc zamiast mnie wzięła psa.
– Mamo, co ty mówisz? Jak możesz mówić takie rzeczy jako osoba wierząca?
Pomyślałaś o pustej budzie obok szopy. I łańcuchu na ziemi. Ze smutkiem przytuliłaś się do mamy.
– Na podwórku wykopałam głęboki dół i tam go pochowałam.

Twoja mama zawsze dobrze opowiadała historie. Nocą przed obrzędem ku czci przodków siostra ojca i inne ciotki przychodziły z miskami ryżu, aby przekazać swoje dary. Po ceremonii twoja mama z powrotem napełniała jedzeniem naczynia krewnych, żeby zabrali je do domu. Miski z ryżem stały w rzędzie. Mama powiedziała, że widziała ptaki siedzące na ryżu, które spłoszone nagle odleciały. Gdy się zdziwiłaś, powiedziała:
– Naprawdę je widziałam! Stado ptaków. Chyba sześć. Ptaki są naszymi przodkami, którzy przybyli, aby zjeść dary!
Inni śmiali się z tego, ale ty widziałaś ich ślady na białym ryżu.
Pewnego ranka mama wyszła w pole. W oddali ujrzała pochylonego człowieka. Mężczyzna powiedział jej, że przechodził tędy i zobaczył, jak wiele chwastów wyrosło na polu, więc zatrzymał się i zaczął je wyrywać. Z wdzięczności podzieliła się z nim jedzeniem. Rozmawiali o wszystkim, o plewieniu pola również, a gdy zapadł zmrok, rozstali się. Po powrocie z pola mama opowiedziała siostrze ojca o spotkaniu z nieznajomym, a ta zapytała, jak wyglądał.

– To był właściciel tego pola, który umarł na udar słoneczny podczas plewienia – powiedziała mama.

Kiedy zapytałaś:

– Mamo, nie bałaś się być na polu ze zmarłym przez cały dzień?

Twoja mama odpowiedziała nonszalancko:

– Nie bałam się. Gdybym miała sama wyrywać chwasty na polu, zajęłoby mi to dwa lub trzy dni, więc jestem wdzięczna, że mi pomógł.

Bóle głowy otępiały jej umysł. Szybko straciła swój wigor i częściej stawała się senna. Nie mogła nawet skoncentrować się na kartach podczas gry – jednej z niewielu radości w jej życiu. Nie była już taka bystra. Kiedyś postawiła garnek ze szmatami na gazie, aby je wybielić, schyliła się i już nie mogła wyprostować. Cała woda odparowała, a szmaty zaczęły się palić tak, że całą kuchnię spowił dym, ale mama nie mogła nic na to poradzić. Cały dom stanąłby w płomieniach, gdyby nie sąsiad – zobaczył dym, który wydobywał się z domu, i przybiegł z pomocą.

Twoja młodsza siostra, która miała troje dzieci, zaniepokojona bólami głowy mamy spytała:

– Czy myślisz, że mama lubi być w kuchni?

– Dlaczego pytasz?

– Nie sądzę, żeby mama lubiła tam przebywać.

Twoja siostra, farmaceutka, otworzyła aptekę, gdy była w ciąży z pierwszym dzieckiem. Gdy się urodziło, zajęła się nim jej bratowa, która mieszkała daleko od apteki. Dlatego twoja siostra, która zawsze kochała dzieci, swoje własne

dziecko widywała bardzo rzadko. Tylko raz w tygodniu. Każde pożegnanie z dzieckiem było dla niej bardzo bolesne. Przeżywała to bardziej niż dziecko, które szybko przyzwyczaiło się do życia z dala od matki. W niedzielę wieczorem z płaczem odwoziła je z powrotem do bratowej. Łzy zalewały jej ręce, nie mogła zapanować nad kierownicą, kiedy wracała do domu. A w poniedziałek stała w aptece z oczami spuchniętymi od łez. Wyglądała tak źle, że powiedziałaś:
– Czy naprawdę musisz tak dużo pracować?

Gdy mąż siostry miał jechać do USA na dwuletnie stypendium, zdecydowali, że zamkną aptekę, w której pracowała jeszcze po urodzeniu drugiego dziecka. Stwierdziła, że to będzie dobre doświadczenie dla dzieci, a ty powiedziałaś: „O, tak, proszę, jedź i miej trochę wolnego czasu dla siebie". Siostra nigdy nie wzięła dnia wolnego, odkąd została mężatką. Po urodzeniu jeszcze jednego dziecka w USA wróciła do Seulu. Musiała gotować dla pięcioosobowej rodziny. Opowiadała, że kiedyś zjedli dwieście okoni w ciągu miesiąca.
– Dwieście w ciągu jednego miesiąca? Jecie tylko okonie? – zapytałaś. A ona rzekła:
– Tak.
Tak było, zanim ich rzeczy przyleciały z USA. Nie mogła przyzwyczaić się do nowego domu, a najmłodsze dziecko nadal karmiła piersią. Nie miała czasu, aby pójść na rynek. Jej teściowa przysyłała im filety z młodych okoni, solone i delikatnie suszone. Wszystkie zjedli w dziesięć dni. Twoja siostra roześmiała się:
– Gotowałam zupę z kiełków fasoli i okonia, a potem zupę z cukinii i okonia.

Kiedy zapytała teściową, gdzie można kupić okonie, okazało się, że może je zamówić na stronie internetowej. Ponieważ pierwsze opakowanie zjedli tak szybko, zamówiła dwa na zapas. – Kiedy dostarczyli ryby, umyłam je i policzyłam: było dokładnie dwieście. Poukładałam je tak, abym mogła owinąć cztery lub pięć w folię i zamrozić, łatwiej było wtedy gotować. I nagle chciałam rzucić tym wszystkim o podłogę – siostra opowiadała spokojnie. – Pomyślałam wtedy o mamie. Zastanawiałam się, jak ona czuła się przez te wszystkie lata, kiedy musiała gotować dla naszej wielkiej rodziny? A pamiętasz, jak jedliśmy? Mieliśmy dwa małe stoliki, na których stało jedzenie. Pamiętasz, jak duże były nasze miski z ryżem? Mama musiała pakować nam lunch. Dostawaliśmy nawet przystawki. Jak ona mogła robić to codziennie? Ponieważ ojciec był najstarszy z rodzeństwa, zawsze ktoś z nami jeszcze był, jakiś kuzyn, i obaj siedzieli w domu. Nie sądzę, żeby mama lubiła przebywać w kuchni.

Byłaś zaskoczona. Nigdy nie myślałaś tak o mamie. Nie myślałaś, żeby oderwać ją od gotowania. Mama była kuchnią, a kuchnia była mamą. Nigdy nie zastanawiałaś się, czy mama to lubi.

Mama hodowała zarobkowo jedwabniki, parzyła słód i robiła tofu, jednak nie były to najlepsze sposoby na zarabianie pieniędzy. Stale oszczędzała. Czasami sprzedawała osobom spoza miasta starą lampę, zużyty kamień do prasowania lub stary słój. Zdarzali się ludzie zainteresowani antykami, których używała na co dzień. Nie była przywiązana do tych rzeczy, ale targowała się o cenę jak sprzedawca. Początkowo wydawało się, że wiele traci, a potem i tak wychodziła na swoje. Słuchała spokojnie i mówiła: „Więc dajcie mi tę kwotę", a oni szydzili: „A kto kupi takie bezużyteczne rzeczy za tyle pieniędzy?". Mama odpowiadała na to: „Dlaczego więc chodzicie i skupujecie rzeczy?". I zabierała lampę. Oni wtedy dawali jej tyle, o ile prosiła, mówiąc: „Byłaby pani dobrym sprzedawcą".

Twoja mama nigdy nie zapłaciła całej ceny za cokolwiek. Większość rzeczy robiła sama. Zawsze była zajęta. Szyła i robiła na drutach, pracowała na roli bez odpoczynku. Pola uprawne mamy nigdy nie były puste. Na wiosnę sadziła ziemniaki w bruzdach, sałatę i stokrotki, a także chiński szczypiorek, paprykę i kukurydzę. Wzdłuż ogrodzenia wokół domu wykopała doły na cukinie i fasolę. Zawsze uprawiała sezam i liście morwy oraz ogórki. Była albo w kuchni, albo na polu ryżowym. Wykopywała ziemniaki, pataty, cukinie i wyciągała z ziemi kapustę oraz rzodkiew. Udowadniała, że plony zbiera się, jeśli się wcześniej coś zasadzi. Płaciła tylko za rzeczy, które nie zrodziły się z nasion. Kaczki i kury biegały w ogrodzie na wiosnę, a prosiaki chowały się w chlewie.

Pewnego roku suka wydała na świat dziewięć szczeniąt. Po miesiącu mama zostawiła dwa szczeniaki. Sześć wsadziła do koszyka, a że był już przepełniony, ostatniego szczeniaka umieściła w twoich ramionach. Powiedziała: „Chodź za mną". Autobusem, którym jechałyście, podróżowali ludzie handlujący w mieście różnymi rzeczami: od worków z suszonym pieprzem, sezamem i czarną fasolą po kosze, które uginały się pod ciężarem kapusty i rzodkwi. Gdy wysiadali w mieście na przystanku, przechodnie stłoczeni w jednym rzędzie zatrzymywali się, by dokonać transakcji.

Wrzuciłaś ogrzanego szczeniaka do kosza z innymi ściśniętymi już w nim szczeniakami. Usiadłaś obok mamy i czekałaś, aż ktoś kupi psiaki. Wyglądały na bardzo zadbane. To zasługa mamy, która w ciągu tego miesiąca pilnowała, by były pulchne i zdrowe. Ich spokój i brak agresji wzbudzały sympatię u ludzi. Szczeniaki na widok ludzi gromadzących się wokół koszyka machały ogonkami. Małymi języczkami lizały ich ręce. Okazało się, że szczenięta mamy sprzedały się szybciej niż rzodkiew, kapusta czy fasola. Kiedy sprzedała ostatniego, wstała i zapytała: „Co chcesz?". Chwyciłaś mamę za rękę i spojrzałaś na jej twarz. Rzadko zadawała takie pytania.

– Pytam, co chcesz?
– Książkę!
– Książkę?
– Tak, książkę!

Na jej twarzy pojawiło się wielkie zakłopotanie. Spoglądała na ciebie przez chwilę i zapytała, gdzie sprzedają książki. Zaprowadziłaś mamę do księgarni, która znajdowała się przy wejściu na targ. Było to miejsce, gdzie krzyżowało się pięć ulic. Mama nie weszła do środka, powiedziała tylko:

– Wybierz jedną i sprawdź cenę.

Nawet gdy kupowała gumiaki, kazała ci przymierzać jednego z nich, a sama negocjowała mniejszą cenę z właścicielem, który w końcu i tak jej ulegał. Ale nie miała zamiaru się targować o książkę, którą kazała ci wybrać.

Nagle księgarnia wydała ci się niczym preria. Nie miałaś pomysłu, którą książkę wybrać. Chciałaś książkę, ponieważ czytałaś tylko te, które twoi bracia przynosili ze szkoły. I zanim zdążyłaś przeczytać którąś z nich do końca, zabierali je z powrotem. W szkolnej bibliotece były inne książki niż te, które przynosił Hyong-chol do domu. Takie jak *Pani Sa jedzie na południe* czy *Biografia Shin Yun-bok*. Twój wybór padł na dzieło pod tytułem *Ludzkie, arcyludzkie*. Spojrzałaś na mamę, która stała na zewnątrz księgarni. Po raz pierwszy zdecydowała się zapłacić za książkę, która nie była podręcznikiem. Spojrzała na okładkę.

– Czy to książka, której potrzebujesz?

Przytaknęłaś szybko, martwiąc się, że zmieni zdanie. Właściwie to nie wiedziałaś, co to za książka. Została napisana przez Nietzschego, ale nie wiedziałaś, kim był. Po prostu wzięłaś ją, bo spodobało ci się brzmienie *Ludzkie, arcyludzkie*. Mama dała ci pieniądze i nie targowała się. Jechałaś autobusem z książką przyciśniętą do piersi zamiast szczeniaka i wyglądałaś przez okno. Zobaczyłaś starą zgarbioną kobietę przechodzącą obok, która rozpaczliwie próbowała sprzedać jedną miskę lepkiego ryżu.

Na górskiej ścieżce, z której widziałaś stary dom dziadków, twoja mama powiedziała, że jej ojciec zmarł, kiedy miała trzy lata. Chodził od miasta do miasta w poszukiwaniu złota i węgla. Właśnie zaczął pracować przy budowie nowego dworca kolejowego, gdy uległ wypadkowi. Mieszkańcy wsi, którzy przybyli do babci, aby powiedzieć jej o tej tragedii, spojrzeli na mamę, która bawiła się na podwórku i powiedzieli: „Śmiejesz się, nawet na wieść, że twój ojciec nie żyje, ty głupi dzieciaku!".

– Pamiętasz to od trzeciego roku życia?

– Tak.

Mama powiedziała, że czasami czuła się skrzywdzona przez swoją mamę, a twoją babcię.

– Jestem pewna, że było jej, samotnej wdowie, bardzo ciężko, ale powinna wysłać mnie do szkoły. Mój brat i siostra poszli do japońskiej szkoły, więc dlaczego ja musiałam zostać w domu? Żyłam w ciemnocie przez całe moje życie…

Twoja mama w końcu zgodziła się pojechać do Seulu, pod warunkiem że nie powiesz o tym Hyong-cholowi. Nawet wtedy, gdy wyszłyście z domu, kazała ci powtarzać, że dochowasz tajemnicy przed bratem.

Kiedy tak jeździłyście od szpitala do szpitala, by znaleźć przyczynę jej bólu głowy, jeden z lekarzy powiedział ci coś zaskakującego. Stwierdził, że mama jakiś czas temu miała udar. *Udar mózgu?* Powiedziałaś, że to niemożliwe. Lekarz wskazał na kropkę na zdjęciu rentgenowskim głowy. Uznał, że to dowód na apopleksję.

– Jak ona mogła mieć udar, nie wiedząc o tym?

Lekarz powiedział, że musiała wiedzieć. Sposób, w jaki krew tam dotarła, wywołał pewien wstrząs, który czuła. Uważał, że mama długo żyła z ciągłym bólem, który tkwił w jej ciele.

– Co ma pan na myśli, mówiąc, że żyła w nieustającym bólu? Mama zawsze była okazem zdrowia.

– Nie sądzę – rzekł doktor.

Poczułaś, jakby gwóźdź ukryty w kieszeni wyskoczył z niej, zaczaił się i zaczął kłuć tył twojej ręki. Choć lekarz dokonał drenażu limfatycznego, bóle głowy wcale nie ustąpiły. Przez chwilę mogła swobodnie rozmawiać, by w następnej minucie trzymać głowę tak ostrożnie, jakby szklany słoik miał zaraz pęknąć. Wróciła do domu i położyła się na drewnianej ławce w szopie.

– Mamo, czy lubisz przebywać w kuchni?

Zapytałaś jeszcze raz, ale wydawało ci się, że nie rozumie, co do niej mówisz.

– Lubiłaś urzędować w kuchni? Lubiłaś gotować?

Mama patrzyła na ciebie.

– I tak, i nie. Gotowałam, bo musiałam. Musiałam zająć się kuchnią, żebyście mogli jeść i chodzić do szkoły. Jak można robić tylko to, co się lubi? Są rzeczy, które musisz robić, niezależnie od tego, czy je lubisz, czy nie.

Twoja mama spojrzała na ciebie ze zdziwieniem.

– Co to za pytanie? – mruknęła. – Jeśli robisz tylko to, co lubisz, kto będzie zajmował się tym, co ci się nie podoba?

Mama rozejrzała się, jakby miała powiedzieć tajemnicę, i szepnęła:

– Stłukłam kilka razy gliniane słoiki.

– Stłukłaś gliniane słoiki?

– Nie potrafiłam się powstrzymać. Na roli, kiedy wiosną sadzi się nasiona, plony można zbierać na jesieni. Kiedy siejesz nasiona szpinaku, otrzymujesz szpinak, kiedy kukurydzę, masz kukurydzę... ale w kuchni nie widać ani początku, ani końca pracy. Jesz śniadanie, potem obiad, a następnie kolację, a potem jeszcze raz śniadanie... Może byłoby lepiej, gdybym mogła robić różne przystawki, ale ponieważ było ciągle to samo, co zasiałam na polu, zawsze robiłam te same potrawy z tych samych warzyw. Gdy robisz w kółko to samo, są takie chwile, kiedy masz wszystkiego dość. Kiedy kuchnia stawała się dla mnie więzieniem, wychodziłam na tył podwórka, brałam najbardziej zniekształcony gliniany słoik i rzucałam nim w płot tak mocno, jak tylko mogłam. Siostra twojego ojca nie wiedziała, że to robiłam. Gdyby wiedziała, wzięłaby mnie za wariatkę.

Twoja mama powiedziała, że potrzebowała kilku dni, aby kupić nowy słoik i zastąpić nim ten rozbity.

– Tym samym traciłam trochę pieniędzy. Kiedy szłam kupić nowy słoik, miałam wyrzuty sumienia, ale nie mogłam się

powstrzymać. Dźwięk tłuczonego naczynia był dla mnie pewnego rodzaju muzyką. Czułam się wolna.
Twoja mama położyła palec na usta i powiedziała:
– Tylko sza. Po raz pierwszy komuś o tym mówię!
Figlarny uśmiech pojawił się na jej twarzy.
– Jeśli nie chcesz gotować, spróbuj rzucać naczyniami. Nawet jeśli pomyślisz, *ach co za strata*, będziesz czuć się lekko. Dopóki nie wyjdziesz za mąż, nie zrozumiesz tego.
Twoja mama wydała głębokie westchnienie.
– Ale były i piękne chwile. Patrzenie, jak dorastacie. Nawet gdy byłam tak zajęta, że nie miałam czasu przewiązać chusty na głowie, patrzyłam na was, jak jedliście przy stole. Gdy uderzaliście łyżkami o stół, czułam, że nie ma nic innego na świecie, co by mi sprawiało większą przyjemność. Byliście dla mnie wszystkim, tak po prostu, namacalnie. Tacy szczęśliwi rzucaliście się na prostą zupę z cukinii czy fasoli, a wasze twarze świeciły się, kiedy parzyłam rybę raz na jakiś czas… Wszyscy jedliście z apetytem, tak, że czasami się martwiłam. Zostawiałam talerz z gotowanymi ziemniakami na przekąskę po szkole – był pusty, gdy wracałam do domu. Były dni, kiedy ryż sam znikał ze słoika. Kiedy szłam do piwnicy po trochę ryżu na obiad i łopatka ocierała o dno naczynia, moje serce drżało z obawy, co dam jutro dzieciom na obiad. Cóż więc, nie było ważne, czy lubiłam pracę w kuchni, czy nie. Jeśli ugotowałam wielki garnek ryżu i mniejszy garnek zupy, zmęczenie nie miało znaczenia. Byłam szczęśliwa, że wszystko wędrowało do ust moich dzieci. Teraz pewnie nie możesz sobie tego nawet wyobrazić, ale w tamtych czasach zawsze martwiliśmy się, że zabraknie nam żywności. Wszyscy mieli problemy. Wtedy najważniejszą rzeczą było jedzenie i przetrwanie.

Z uśmiechem na twarzy mama powiedziała, że te dni były najszczęśliwszymi w jej życiu.
Ból głowy zabrał uśmiech z jej twarzy. Zagarnął jej duszę i powoli zjadał niczym mysz polna z ostrymi zębami.

Człowiek, którego poprosiłaś o pomoc przy drukowaniu ulotek, miał na sobie stare bawełniane ubranie. Każdy, kto patrzył na niego, mógł powiedzieć, że jest ubrany w strój bardzo starannie uszyty. Chociaż wiesz, że nosi stare ubranie z bawełny, to on najbardziej przykuwa twój wzrok. Już słyszał o twojej mamie i powiedział, że zaprojektuje ulotkę na podstawie otrzymanych informacji i że wydrukuje je szybko, w drukarni u znajomego. Ponieważ nie mieliście żadnej aktualnej podobizny mamy, postanowiliście przekazać rodzinne zdjęcie, które twój brat umieścił w Internecie. Człowiek ten, patrząc na twarz mamy na fotografii, powiedział:
– Twoja matka jest bardzo ładna.
Niespodziewanie powiedziałaś, że on ma na sobie bardzo ładny strój.
Uśmiechnął się.
– Uszyła je dla mnie moja matka.
– Ale ona umarła?
– Kiedy żyła.
W dzieciństwie z powodu alergii nie mógł nosić innego materiału niż bawełna. Kiedy inne tkaniny dotykały jego skóry, zaczynała go swędzieć i pokrywała się krostami. Dorastał, nosząc tylko ubrania wykonane z bawełny przez swoją matkę. W jego wspomnieniach matka zawsze szyła. Musiała mu szyć wszystko – od skarpetek po bieliznę osobistą.

Powiedział, że kiedy po jej śmierci otworzył szafę, znalazł tam stosy ubrań z bawełny, które wystarczą mu do końca życia. Strój, który ma na sobie, jest jednym z tych znalezionych w szafie. Jak wyglądała jego matka? Zabolało cię serce, kiedy go słuchałaś. Potem zapytałaś człowieka wspominającego swoją ukochaną mamę:

– Czy myśli pan, że pana matka była szczęśliwa?

– Moja matka różniła się od dzisiejszych kobiet.

Był uprzejmy, ale wyraz twarzy mówił, że obraziłaś jego matkę.

Przepraszam, Hyong-chol

Pod wieżą zegarową – tam gdzie mama zazwyczaj czekała na Hyong-chola – jakaś kobieta wzięła do ręki ulotkę i przystanęła na chwilę, żeby spojrzeć na zdjęcie.

Gdy wynajął pokój w mieście, mama zaczęła przyjeżdżać do niego w odwiedziny. Wysiadała na stacji Seul i kroczyła po peronie niczym uchodźca wojenny. Na głowie niosła tobołki, które zwisały jej aż do ramion, a w dłoniach trzymała różne pakunki. Paczki, których nie zdołała unieść w rękach, były przywiązane do pasa. Zadziwiające, że nadal mogła iść. Przyjeżdżała w odwiedziny z bakłażanami lub dyniami przytroczonymi nawet do nóg. Z kieszeni często wystawały jej zawinięte w gazetę niedojrzałe papryczki, obrane kasztany i czosnek. Ilekroć wychodził po nią na dworzec, przyglądał się stertom paczek przywiązanych do jej ciała. Był zdumiony, że jedna kobieta jest w stanie sama tyle unieść. A ona wśród tych wszystkich pakunków, z wypiekami na twarzy, czekała, aż wreszcie po nią przyjdzie.

Kobieta podeszła do niego niepewnie. Wskazała na zdjęcie matki umieszczone na ulotce i powiedziała:
– Przepraszam, wydaje mi się, że widziałam pana mamę naprzeciw urzędu Yongsan 2-dong.
Na ulotce wykonanej przez młodszą siostrę mama, ubrana w bladoniebieski *hanbok*, uśmiechała się radośnie. Kobieta mówiła dalej:
– Była ubrana inaczej, ale oczy miała takie same – szczere i wierne spojrzenie.
Kobieta znów spojrzała na oczy mamy na ulotce i dodała:
– Zraniła się w stopę.

Mówiła dalej, że mama tego dnia miała na sobie niebieskie plastikowe sandały. Jeden but wrzynał się w skórę w okolicy dużego palca i utworzył bruzdę, a płat skóry zwisał jej z nogi. Być może długo chodziła. Natrętne muchy siadały w pobliżu rany wypełnionej ropą. Zirytowana odganiała je ręką. I mimo bólu uparcie wpatrywała się w budynek, jak gdyby nie czuła bólu. Było to tydzień temu.

Tydzień temu?

Hyong-chol nie wiedział, co ma uczynić z informacją uzyskaną od kobiety, więc nadal rozdawał ulotki po jej odejściu. Cała rodzina rozwiesiła ogłoszenia, począwszy od stacji Seul aż do Namyong-dong. Rozwieszali je też w restauracjach, sklepach z ubraniami, księgarniach i kawiarniach internetowych. Gdy zrywano je w miejscach, w których nie powinny wisieć, ponownie je tam umieszczali. Nie ograniczali się do okolic dworca seulskiego i wieszali przy Namdaemun, Chungnim-dong, a nawet Sodaemun. Nikt nie zareagował na ogłoszenie umieszczone w gazecie. Ale rzeczywiście dzwoniło kilka osób, które przeczytały ulotkę. Mówiły, że kobieta podobna do mamy była widziana w restauracji, i rodzina popędziła jej szukać. Ale to nie była ona, lecz kobieta w wieku ich matki, która tam pracowała. Pewien rozmówca powiedział, że zaprosił ich matkę do swojego domu. Podał nawet swój adres przez telefon. Pełni nadziei pojechali na miejsce, ale okazało się, że nie ma takiego adresu. Ktoś zaoferował, że znajdzie ich matkę, jeśli dostanie nagrodę pięć milionów wonów z góry. Po upływie dwóch tygodni telefony stały się coraz rzadsze. Członkowie rodziny, którzy z nadzieją w sercu poszukiwali mamy, często spotykali się przypadkowo przed budynkiem dworca seulskiego i zatrzymywali przygnębieni pod wieżą zegarową. Niektórzy ludzie wyrzucali na ziemię zmiętą ulotkę tuż po tym, jak ją otrzymali. Młodsza siostra-pisarka natychmiast ją podnosiła, prostowała i dawała innemu przechodniowi. Jego siostra zjawiła się na dworcu z pękiem ulotek i stanęła obok niego. Spojrzała na brata zimnym wzrokiem. Przekazał jej słowa kobiety i zapytał: „Może powinniśmy pójść do urzędu Yongsan 2-dong i się rozejrzeć?". Siostra odpowiedziała pytaniem: „Po co mama miałaby tam pójść?". W końcu zgodziła się przygnębiona: „Możemy później tam podjechać". Potem zwróciła się do mijających ją ludzi i rozdając ulotki, powiedziała głośno: „To nasza mama – prosimy, spójrzcie na zdjęcie, zanim je wyrzucicie!". Nikt nie rozpoznawał jego siostry, której fotografia była umieszczana w sekcji kulturalnej gazety codziennej przy okazji wydania jej nowej książki. Połączenie krzyku z rozdawaniem ulotek przynosiło skutek. Naśladował więc siostrę. Ludzie nie wyrzucali ulotek, które dostali od Chi-hon, lecz uważnie przyglądali się fotografii kobiety. Poza domami rodzeństwa nie było wielu miejsc, do których mogłaby się udać. Było to źródłem rodzinnego przygnębienia. Gdyby matka miała gdzie pójść, mogliby zawęzić poszukiwania do tych konkretnych miejsc. Ale tak nie było. Przeczesywali więc całe miasto. Gdy jego siostra zadała pytanie: „Po co mama miałaby tam pójść?", początkowo nie zdał sobie sprawy, że jego pierwszym miejscem pracy był właśnie urząd Yongsan 2-dong. Ale to przecież minęło już trzydzieści lat.

Wiał wiatr i zrobiło się chłodno, ale mimo to krople potu pokryły jego twarz. Teraz zbliżał się do pięćdziesiątki. Został dyrektorem do spraw marketingu w firmie zajmującej się budową bloków mieszkalnych. Dzisiaj była sobota, dzień wolny od pracy. Gdyby nie zaginięcie mamy, znajdowałby się teraz w pokazowym domu w Songdo. Jego firma zorganizowała dzień otwarty dla osób zainteresowanych zakupem wolnych mieszkań na dużym osiedlu, którego budowa wkrótce miała zostać zakończona. Pracował dzień i noc, żeby osiągnąć stuprocentową sprzedaż. Przez całą wiosnę odpowiadał za kampanię reklamową. Zamiast zatrudnić profesjonalną hostessę, szukał modelki wśród gospodyń domowych. Tak bardzo był zajęty budowaniem domu pokazowego oraz goszczeniem dziennikarzy, że nie wracał do domu przed północą. W soboty często woził prezesa i dyrektorów na korty tenisowe w Sokcho lub Hoengsong.

„Hyong-chol! Mama zaginęła!" Natarczywy głos młodszego brata wyrył rysę na jego codziennym życiu i złamał je na pół, jak gdyby postawił stopę na zbyt cienkim lodzie. Nawet gdy usłyszał, że rodzice mieli zamiar pojechać metrem do domu brata, ale potem rozdzielili się na peronie i nie wiadomo, gdzie się podziała mama, nie dotarło do niego, że zaginęła. Kiedy brat powiedział, że dzwonił już na policję, zastanawiał się nadal, czy to nie przesada. Po upływie tygodnia zamieścił ogłoszenie w gazecie i zadzwonił na pogotowie ratunkowe. Każdej nocy podzieleni na małe grupy przeszukiwali schroniska dla bezdomnych. Na próżno. Mama zniknęła, jak wytwór ich fantazji. Nie pozostał po niej żaden ślad. Miał nawet zamiar spytać ojca, czy matka na pewno przyjechała z nim do Seulu. Od jej zniknięcia minęło dziesięć dni, potem dwa tygodnie. Dopiero po miesiącu zaczął się martwić, jakby do tej pory nie był świadom tego, co się stało.

Podał siostrze ulotki i powiedział:
– Muszę tam pojechać.

– Do Yongsan?
– Tak.
– Masz jakieś przeczucie?
– To było moje pierwsze miejsce, w którym zamieszkałem po przybyciu do Seulu.

Poprosił siostrę, żeby odbierała jego telefony. Zadzwoni do niej natychmiast, jak się czegoś dowie. W tej sytuacji były to niepotrzebne słowa. Jego siostra, która kiedyś nie miała zwyczaju odbierania telefonu, teraz robiła to już przed trzecim dzwonkiem. Podszedł do taksówek stojących wzdłuż ulicy. Mama zawsze martwiła się o Chi-hon – jego trzydziestopięcioletnią, nadal niezamężną siostrę. Czasami dzwoniła do niego wcześnie rano i siała niepokój: „Hyong-chol! Jedź do Chi-hon. Nie odbiera telefonu! Nie odbiera telefonu ani nie dzwoni do mnie. Nie słyszałam jej głosu od miesiąca". Gdy próbował ją uspokajać, mówiąc, że Chi-hon z pewnością zaszyła się w domu i pisze lub gdzieś pojechała, nalegała, żeby pojechał do jej mieszkania: „Jest sama. Może leży chora w łóżku albo upadła w łazience i nie może wstać…". Gdy wysłuchiwał ciągu nieszczęśliwych wypadków, jakie mogą się przydarzyć samotnie mieszkającej osobie, prawie ulegał wrażeniu, że któryś z nich naprawdę mógł się wydarzyć. Przed pracą lub podczas lunchu, pod wpływem matki, zatrzymywał się koło bloku siostry. Sterta gazet pod jej drzwiami sygnalizowała, że nie ma jej w domu. Zabierał je wtedy i wrzucał do kontenera na śmieci. Gdy pod drzwiami nie widział ani gazet, ani butelki z mlekiem, naciskał dzwonek, wiedząc, że jest w środku. Wychylała wtedy zza drzwi swoją nieuczesaną głowę i pytała burkliwym tonem: „Kto tam?". Kiedyś, kiedy dzwonił do jej mieszkania, zjawił się młody mężczyzna. Najwyraźniej miał zamiar ją odwiedzić. Nawet powiedział: „Dzień dobry". Zanim

Hyong-chol zapytał go, kim jest, tamten zagadnął: „Jest pan bardzo podobny do Chi-hon. Nie muszę nawet pytać, kim pan jest". Mężczyzna wyjaśnił, że przyszedł tutaj, bo zaniepokoił go brak kontaktu z jej strony. Gdy Hyong-chol mówił matce, że jego siostra prawdopodobnie wyjechała na wycieczkę lub że jest w domu i wszystko u niej dobrze, matka powtarzała, wzdychając: „Nie będziemy nawet wiedzieć, czy umarła". Potem pytała: „Czym się teraz zajmuje?". Jego siostra pisała książki. Kiedy tworzyła, lubiła znikać na kilkanaście dni, czasami na miesiąc. Gdy ją zagadnął: „Musisz tak robić, gdy coś piszesz?", mamrotała pod nosem: „Następnym razem zadzwonię do mamy". To wszystko. Pomimo troski matki przepaść pomiędzy rodziną i siostrą powiększała się. W końcu mama przestała nalegać, aby sprawdził, co u siostry, gdy kilka razy zignorował jej prośbę.

Raz tylko wspomniała: „Z pewnością nie masz czasu, żeby mnie wysłuchać".

Ponieważ milczenie siostry trwało nadal, zorientował się, że ktoś inny z rodziny musi spełniać polecenia mamy. Po jej zaginięciu, siostra szepnęła do niego: „Może to kara dla mnie...".

Pomiędzy stacją Seul a Żeńskim Uniwersytetem Sookmyung panował duży ruch. Hyong-chol spojrzał przez szybę samochodu na strzeliste, szare budynki. Dokładnie obejrzał przechodniów. Być może była wśród nich jego matka.

– Powiedział pan: urząd Yongsan 2-dong, tak? – zapytał taksówkarz, skręcając przed uniwersytetem w kierunku liceum Yongsan, ale Hyong-chol nie usłyszał pytania.

– Proszę pana?
– Tak?
– Powiedział pan: urząd Yongsan 2-dong, tak?
– Zgadza się.

Kiedy miał dwadzieścia lat chodził tą ulicą każdego dnia, ale teraz widok zza okna samochodu był zupełnie inny. Zastanawiał się, czy to właściwa droga. W sumie bardziej drażniłoby go, gdyby ta dzielnica w ogóle się nie zmieniła w ciągu tych trzydziestu lat.

– Dziś jest sobota, więc urząd jest prawdopodobnie zamknięty.

– Chyba tak.

Taksówkarz miał zamiar powiedzieć coś innego, ale Hyong--chol wyjął ulotkę z kieszeni i wręczył mu ją.

– Gdyby zobaczył pan tę osobę, proszę dać mi znać.

Taksówkarz spojrzał na ulotkę.

– Czy to pańska matka?

– Tak.

– Jakie to straszne...

Zeszłej jesieni nic nie zrobił, gdy jego siostra zadzwoniła, aby powiedzieć, że matka dziwnie się zachowuje. Myślał, że w jej wieku mogła miewać jakieś dolegliwości lub choroby. Siostra ze smutkiem doniosła mu, że matka podobno omdlewała z bólu głowy. Kiedy jednak dzwonił do domu, ona zawsze serdecznie wołała: „Hyong-chol!". Kiedy pytał: „Coś się dzieje?", śmiała się i odpowiadała: „Chciałabym, żeby coś się działo. Nie martw się o nas. Co się może dziać u takich staruszków, jak my. Dbajcie o siebie". „Przyjedźcie do Seulu w odwiedziny". „Dobrze, przyjedziemy" – odpowiadała mama.

Siostra, zła z powodu jego obojętności, odwiedziła go w biurze i wsunęła mu w dłoń rentgen mózgu mamy. Zrelacjonowała słowa lekarza, który doszedł do wniosku, że ich matka doznała udaru mózgu, choć nie była tego świadoma. Gdy wysłuchał jej ze spokojem, rzuciła z wyrzutem, patrząc mu prosto w oczy:

– Hyong-chol! Naprawdę jesteś Yun Hyong-chol?
– Nie skarżyła się na żadne dolegliwości. O co tu chodzi?
– Wierzysz jej? Zawsze mówi, że nic jej nie jest. To jej mantra. Naprawdę. Mówi tak tylko dlatego, bo nie chce być dla ciebie ciężarem.
– Dlaczego?
– Skąd mogę wiedzieć? Wywołujesz w niej poczucie winy.
– Ja? Co ja takiego zrobiłem?
– Mama zachowuje się tak od dłuższego czasu. Wiesz o tym. Nie zaprzeczaj. Powiedz mi, do licha, dlaczego ona zawsze czuje się winna, gdy chodzi o ciebie?

Trzydzieści lat temu, kiedy Hyong-chol zdał egzamin piątego stopnia na urzędnika państwowego, otrzymał przydział do urzędu Yongsan 2-dong. Matka nie mogła uwierzyć, że po szkole średniej nie dostał się na żaden uniwersytet w Seulu. To było dla niej wręcz niemożliwe. Był najlepszym uczniem w klasie – w szkole podstawowej, gimnazjum i liceum. Zawsze miał najlepsze wyniki w nauce, niezależnie z jakiego przedmiotu pisał test. Zajął pierwsze miejsce na egzaminie wstępnym do gimnazjum i został zwolniony z czesnego w pierwszej klasie. Później, przez trzy lata z rzędu, miał najlepsze wyniki w nauce w całej szkole i do końca gimnazjum nie zapłacił ani wona. Dostał się do liceum z pierwszą lokatą na liście. Mama z dumą, ale przekornie mówiła: „Szkoda, że choć raz nie mogę zapłacić czesnego za mojego Hyong-chola". Stąd nie mogła pojąć, dlaczego najlepszy uczeń w szkole oblał egzamin wstępny na uczelnię. Mama była bardzo zaskoczona, gdy okazało się, że nie tylko nie zdał z najlepszą punktacją, lecz nie dostał się na żaden uniwersytet. Pytała samą siebie: „Jeżeli nie ty, to kto?". Zamierzał pilnie uczyć się na studiach, żeby utrzymać wzorowe wyniki w nauce. To nawet nie był jego plan, lecz jedyna dopuszczalna możliwość. Bez stypendium nie było go stać na studia. Ale ponieważ nie zdał, musiał szukać innej drogi. Nie mógł nawet pozwolić sobie na luksus, aby rozważać ponowne przygotowanie do egzaminów na studia w następnym roku. Jak tylko sobie obmyślił, co ma robić dalej, zdał z powodzeniem dwa egzaminy na urzędnika cywilnego. Dostał pierwszy przydział i wyjechał do Seulu. Kilka miesięcy później dowiedział się, że w mieście są studia wieczorowe, więc złożył tam podanie. Zorientował się jednak, że potrzebuje jak najszybciej świadectwa ukończenia szkoły średniej. Gdyby napisał list do szkoły z prośbą o przesłanie duplikatu świadectwa, czekałby zbyt długo na przesyłkę z odległej miejscowości i nie zdążyłby złożyć podania. Napisał więc list do ojca, w którym prosił go, aby przesłał mu przez kogoś jego papiery do Seulu. O wskazanej godzinie będzie czekać na dworcu autobusowym i odbierze je od pasażera. Czekał i czekał, ale nikt nie zadzwonił. W środku nocy zastanawiał się, co powinien zrobić w sprawie podania do szkoły. Termin upływał następnego dnia. Z zamyślenia wyrwało go głośne pukanie do drzwi biura, w którym również zamieszkiwał. Pracownicy musieli dyżurować na zmiany, ale ponieważ nie miał gdzie mieszkać, zdecydowano, że będzie tu nocował i pełnił nocne dyżury. Był więc na służbie każdej nocy. Ktoś walił w drzwi, jak gdyby chciał je wyważyć. Gdy otworzył, zobaczył w ciemnościach młodego mężczyznę, który stał na progu.

– Czy to pana matka?

Za plecami mężczyzny stała matka, trzęsąc się z zimna. Zanim zdążył zareagować, krzyknęła:

– Hyong-chol! To ja! Twoja mama!

Mężczyzna zerknął na swój zegarek i odezwał się:

– Zostało siedem minut do godziny policyjnej.

Potem zwrócił się do matki Hyong-chola i powiedział: „Dobranoc", następnie zniknął w ciemnościach, aby uniknąć przykrych konsekwencji przebywania poza domem po godzinie policyjnej.

Kiedy przyszedł list, ojciec przebywał z dala od domu. Siostra Hyong-chola przeczytała go matce. Ta zdenerwowała się i czym prędzej pobiegła do liceum syna po świadectwo szkolne, a zaraz potem wybrała się pociągiem do Seulu. Pierwszy raz jechała pociągiem. Ten młody człowiek zauważył mamę krążącą po stacji i proszącą ludzi o wskazanie jej drogi do Yongsan-dong. Kiedy usłyszał, że koniecznie musi dostać się w nocy do syna, poczuł się w obowiązku, aby zabrać ją do urzędu. Był środek zimy, a mama Hyong-chola miała na sobie niebieskie plastikowe sandały. W czasie żniw zraniła się kosą w stopę, w pobliżu dużego palca u nogi. Rana nie zagoiła się do końca. Jedynym obuwiem, które mogła nosić, były sandały. Zostawiła buty przed wejściem do dyżurki. „Nie wiem, czy nie jest za późno..." – powiedziała i wyjęła świadectwo szkolne. Jej ręce były zmarznięte. Chwycił je i obiecał sobie, że zrobi wszystko, aby uczynić tę kobietę szczęśliwą. Odezwał się jednak z wyrzutem, karcąc ją, że tak łatwo zawierzyła nieznajomemu. Mama fuknęła na niego: „Jak można żyć bez zaufania do ludzi? Na świecie jest znacznie więcej ludzi dobrych niż złych". I roześmiała się wesoło.

Stał przed zamkniętym urzędem gminy i przyglądał się budynkowi. Mama nie byłaby w stanie tutaj trafić. Gdyby wiedziała, jak się tu dostać, mogłaby równie dobrze pojechać do jednego ze swoich dzieci. Kobieta, która powiedziała, że widziała mamę właśnie tutaj, zapamiętała wyraz jej oczu. Twierdziła, że miała na sobie niebieskie plastikowe sandały. Niebieskie plastikowe sandały. Przypomniał sobie, że w dniu zniknięcia mama miała na sobie buty na niskim obcasie w kolorze beżowym. Ojciec stanowczo twierdził, że mama nie miała niebieskich sandałów, ale beżowe na niskim obcasie. Natomiast kobieta powiedziała, że te sandały, które zresztą zraniły mamę w nogę, prawdopodobnie od długiego chodzenia, były zdecydowanie niebieskie. Zajrzał do biura, a gdy wychodził, rozejrzał się dookoła i skierował w dół ulicy, która prowadziła do żeńskiej szkoły średniej Posong i kościoła Eunsong.

Czy w urzędzie jest nadal stróżówka?

Lata temu w tej stróżówce spał obok mamy, dzieląc się z nią kocem. Ta kobieta sama przyjechała do Seulu pociągiem. Bez planu miasta szukała go w środku nocy, żeby oddać mu świadectwo ukończenia szkoły. W dniu jego dwudziestych urodzin. Wtedy ostatni raz leżał obok mamy. Chłodny wiatr przenikał falami ścianę od strony ulicy.

– Lepiej mi się śpi, kiedy jestem przy ścianie – powiedziała mama i zamieniła się z nim stronami.

– Ależ mamo, wieje wiatr.

Wstał i przyłożył torbę z książkami do ściany, aby stłumić wiatr. To samo zrobił z ubraniem, które miał na sobie tego dnia.

– Już dobrze – powiedziała mama, ciągnąc syna za rękę. – Idź spać, jutro trzeba wstać do pracy.

– Spodobał ci się Seul? – zapytał, leżąc obok mamy wpatrzony w sufit.

– Tak sobie – odpowiedziała i roześmiała się. – Jesteś moim pierwszym dzieckiem. To nie jedyna rzecz, którą robię dla ciebie po raz pierwszy. Wszystko, co robisz, jest nowym światem dla mnie. Sprawiłeś, że wiele rzeczy robię po raz pierwszy. To ty pierwszy znalazłeś się w moim brzuchu i ciebie pierwszego karmiłam piersią. Byłam w twoim wieku, kiedy cię urodziłam. Gdy po raz pierwszy zobaczyłam twoją czerwoną buzię, zamknięte oczy... Ludzie mówią, że kiedy widzą ich pierwsze dziecko, są zaskoczeni i szczęśliwi, a ja chyba byłam smutna. Zastanawiałam się, czy to naprawdę moje dziecko? Co mam teraz zrobić? Byłam tak przestraszona, że początkowo nie mogłam nawet dotknąć twoich malutkich paluszków. Tak mocno zaciskałeś swoje drobne dłonie. Kiedy otwierałam pięść, paluszek po paluszku, uśmiechałeś się... Były takie małe. Myślałam, że jeśli będę je dotykać, mogą zniknąć. Bo nic wtedy nie wiedziałam. Wyszłam za mąż w wieku siedemnastu lat. Nie mogłam zajść w ciążę aż do dziewiętnastego roku życia. Twoja ciocia powtarzała, że prawdopodobnie nie będę mogła mieć dzieci. Kiedy więc dowiedziałam się, że jestem w ciąży, pierwszą myślą było to, że już nie muszę jej słuchać – to mnie najbardziej ucieszyło. Później radowałam się, gdy każdego dnia widziałam, jak twoje palce u rąk i nóg rosną. Gdy byłam zmęczona, szłam do pokoju i otwierałam twoje małe piąstki. Dotykałam stópek. Dawało mi to energię. Gdy po raz pierwszy założyłam ci buciki, byłam bardzo podekscytowana. Drepcząc, podchodziłeś do mnie, a ja wtedy śmiałam się ze szczęścia. Gdyby wtedy ktoś wysypał przede mną stos złota, srebra i kamieni szlachetnych, nie byłabym taka szczęśliwa. A jak myślisz, jak się czułam, kiedy poszedłeś do szkoły? Gdy przyczepiłam plakietkę z twoim imieniem na piersi i włożyłam chusteczkę do kieszonki, zdałam sobie sprawę, jak bardzo urosłeś. Z niczym nie da się porównać szczęścia, jakie odczuwałam, widząc twoje coraz grubsze nóżki. Codziennie śpiewałam *Rośnij, rośnij, moje dziecko...* Aż pewnego dnia stałeś się większy ode mnie.

Mama przewróciła się na bok, żeby móc patrzeć na jego twarz i pogłaskała go po głowie.

– Chciałam, żebyś był wysoki i duży, ale gdy to nastąpiło, to chociaż byłeś moim dzieckiem, wystraszyłam się.

Milczał.

– W przeciwieństwie do innych dzieci, tobie nie trzeba było nic tłumaczyć. Byłeś bardzo samodzielnym, ładnym chłopcem i świetnie radziłeś sobie w szkole. Jestem bardzo dumna i czasem trudno uwierzyć, że wyszedłeś ze mnie... Zobacz, gdyby nie ty, nie miałabym okazji przyjechać do Seulu.

Wtedy Hyong-chol postanowił, że zarobi dużo pieniędzy, tak aby mama mogła nocować w ciepłym miejscu w czasie swoich wizyt w Seulu. Nigdy nie będzie musiała spać w chłodzie. Po chwili milczenia mama powiedziała niskim głosem „Hyong-chol". Usłyszał głos matki z daleka. Był już w połowie drogi do zapadnięcia w sen. Mama wyciągnęła rękę i pogłaskała go po głowie. Usiadła i spojrzała na jego twarz, dotykając czoła: „Przepraszam". Szybko cofnęła rękę, żeby wytrzeć łzy, ale krople spadły na jego buzię.

Po przebudzeniu o świcie zobaczył, że mama zamiata podłogę w urzędzie gminy. Próbował ją powstrzymać, ale powiedziała: „Mogę to zrobić, nic innego nie robię". Jak gdyby miała zaraz zostać ukarana za nieróbstwo, umyła ją jeszcze i dokładnie wyczyściła biurka pracowników. Jej oddech był szybki, a widoczna opuchlizna na stopie rozpychała niebieski sandał. Zanim otwarto pobliski bar, w którym na śniadanie serwowano zupę z kiełków fasoli, ręce mamy sprawiły, że urząd gminy zalśnił czystością.

Ten dom stoi nadal. Otworzył szeroko oczy. Podczas penetrowania alejek w poszukiwaniu mamy znalazł się przed domem, gdzie trzydzieści lat temu wynajmował pokój. Ostre kolce niczym stalowe strzały zamontowane u góry bramy wejściowej nadal wystawały ponad nią, tak samo jak trzydzieści lat temu. Kobieta, która kiedyś go kochała, a potem porzuciła, wieszała czasami na bramie foliowy worek wypełniony chińskimi bułeczkami. Zauważył, że co drugi dom w pobliżu został przebudowany na kamienicę lub apartamentowiec. Przeczytał ogłoszenie umieszczone na bramie:

> Do wynajęcia:
>
> 100 000 wonów miesięcznie, depozyt 10 mln wonów lub 150 mln wonów miesięcznie, z mniejszym depozytem – 5 mln wonów.
>
> 8 pyung, standardowa umywalka, prysznic w łazience.
>
> Blisko Namsan, w pobliżu ścieżka sportowa. Można dostać się do Kangnam w 20 minut, Chongno w 10 minut.
>
> Minusy: mała łazienka.
>
> Plusy: trudno znaleźć coś tak taniego w Yongsan.
>
> Powód wyprowadzki: mam samochód i potrzebuję miejsca parkingowego.
>
> Kontakt za pomocą SMS-a lub e-maila. Mieszkanie wynajmuję bezpośrednio, aby zaoszczędzić na dodatkowych opłatach.

Po przeczytaniu numeru telefonu komórkowego i adresu e-mail, pchnął delikatnie bramę. Otworzyła się tak samo, jak trzydzieści lat temu. Zajrzał do środka – dom w kształcie litery U, taki sam, jak zapamiętał, drzwi od każdego pokoju wychodziły na dziedziniec. Pokój, w którym kiedyś mieszkał, miał w drzwiach kłódkę.

– Czy ktoś jest w domu? – krzyknął.

W odpowiedzi otworzyło się dwoje lub troje drzwi. Dwie młode kobiety z krótkimi włosami i dwóch chłopców w wieku około siedemnastu lat spojrzało na niego. Wszedł na podwórze.

– Czy widzieliście tę kobietę? Najpierw pokazał ulotkę młodym kobietom, a potem chłopcom, którzy mieli już zamknąć drzwi. Wewnątrz pokoju zobaczył dwie dziewczyny w zbliżonym do nich wieku. Chłopcy podejrzewali, że zagląda do środka ich pokoju, i z hukiem zatrzasnęli drzwi. Podwórko wyglądało tak samo jak trzydzieści lat temu, ale ich pokój już nie. Właściciele musieli odnowić wnętrze. Stworzyli jedną przestrzeń poprzez połączenie kuchni z pokojem. W rogu pokoju dostrzegł nową umywalkę.

– Nie – rzekły kobiety i oddały mu ulotkę. Pewnie ucinały sobie drzemkę, miały zaspane oczy. Odprowadziły go wzrokiem aż do bramy. Był już jednym krokiem za nią, gdy jeden chłopak krzyknął:

– Niech pan poczeka! Wydaje mi się, że kilka dni temu ta babcia siedziała tu przed bramą.

Kiedy się zbliżał, z pokoju wychylił się drugi chłopak:

– Nie, to nie była ona. Ta kobieta jest młoda. Tamta była bardzo pomarszczona. Miała inne włosy... Wyglądała jak żebraczka.

– Ale jej oczy były takie same. Spójrz tylko w jej oczy, jej oczy były jak te... Czy naprawdę dostaniemy pięć milionów wonów, jeśli ją odnajdziemy?

– Tak, nawet jeśli jej nie znajdziecie, ale powiecie dokładnie, co się z nią stało.

Hyong-chol poprosił chłopców, żeby wyszli na zewnątrz. Młode kobiety, które zamknęły swoje drzwi, ponownie je otworzyły i przyłączyły się do nich.

– Ta pani przyszła z baru na dole ulicy. Trzymali ją zamkniętą, bo cierpiała na demencję. Być może wymknęła się ukradkiem. Właściciel baru przyszedł i zabrał ją do domu.

– To nie była ta sama kobieta. Ja widziałem tę ze zdjęcia. Miała ranę na nodze pokrytą ropą. Odganiała muchy od siebie... Nie przyjrzałem się jej uważnie, ponieważ śmierdziała i była brudna.

– I co? Czy widziałeś, gdzie poszła? – Hyong-chol zapytał chłopaka.

– Nie. Dopiero co wróciłem do domu. Ona próbowała wejść, więc zamknąłem bramę...

Nikt inny nie widział już mamy. Hyong-chol odszedł. Chłopak wybiegł za nim, krzycząc:

– Naprawdę ją widziałem!

Biegł w dół uliczki tuż za Hyong-cholem. Hyong-chol dał mu czek na sto tysięcy wonów i poszedł dalej. W oczach chłopca pojawił się błysk. Hyong-chol poprosił go, żeby zajął się tą panią, jeśli zobaczy ją ponownie i natychmiast go wezwał. Nie słuchając uważnie, chłopak zapytał:

– Wtedy dostanę pięć milionów wonów?

Hyong-chol pokiwał głową. Chłopak poprosił o kilka ulotek. Obiecał, że zawiesi je na stacji benzynowej, gdzie pracuje na pół etatu. Dodał, że jeśli w ten sposób odnajdzie się jego mama, to powinien dostać całą kwotę pięciu milionów wonów, ponieważ to będzie dzięki niemu. Hyong-chol powiedział, że tak zrobi.

Hyong-chol zapomniał o obietnicy złożonej mamie. Mamie, która zamieniła się z nim miejscami w stróżówce w urzędzie gminy, aby chronić go przed przeciągiem, mówiąc: „Lepiej mi się śpi od ściany". Zapomniał o przyrzeczeniu, że będzie sypiać w ciepłym miejscu, kiedykolwiek będzie w mieście.

Wyjął z kieszeni papierosa i włożył do ust. Nie wiedział dokładnie, kiedy to nastąpiło, ale od pewnego czasu emocje nie należały już wyłącznie do niego. Najważniejsze było jego życie. Zapomniał całkiem o mamie. *Co robiłem, gdy ona stała samotna na peronie metra?* Popatrzył jeszcze raz na urząd gminy i odwrócił się. *Co wtedy robiłem?* Opuścił głowę. Dzień przed zaginięciem mamy poszedł się napić ze znajomymi z pracy, ale wieczór nie zakończył się dobrze. Jeden z kolegów, który był zwykle taktowny i grzeczny, zaczął po kilku drinkach mu dokuczać, przezywając go „inteligencik". W pracy Hyong-chol był odpowiedzialny za sprzedaż apartamentów w pobliżu Songdo w Inchonie, a kolega Kim nadzorował sprzedaż mieszkań w pobliżu Yongin. Złośliwa uwaga Kima dotyczyła pomysłu Hyong-chola, żeby rozdać bilety na koncert popularnego piosenkarza wśród osób w średnim wieku, które będą zainteresowane kupnem mieszkania. To nie był jego pomysł, ale jego siostry, pisarki. Kiedy Chi-hon przyjechała w odwiedziny, jego żona dała jej w prezencie matę do łazienki, którą wcześniej dostała jako upominek podczas ostatniej sprzedaży mieszkania. Wówczas siostra skomentowała:

– Nie wiem, dlaczego firmy uważają, że gospodynie domowe lubią tego typu rzeczy.

Zastanawiał się, co może dać w promocji swoim klientom, i poradził się siostry:

– A jak myślisz, co będzie niezapomnianym prezentem?

– Nie jestem pewna, ale ludzie szybko zapominają tego typu podarunki. Czy pióro lub coś podobnego nie byłoby lepsze? Pomyśl o tym. Sądzisz, że twoja żona będzie szczęśliwa, jeśli dasz jej komplet garnków na urodziny? Jeśli podarujesz komuś dywan w promocji podczas sprzedaży mieszkania, to po prostu o nim zapomni. Myślę jednak, że byłabym mile zaskoczona, gdybym dostała książkę lub bilet na film. I pewnie pamiętałabym o tym długo. Jeśli miałabym jeszcze zaplanować, kiedy z tego upominku skorzystać, na pewno zachowałabym to na dłużej w pamięci. Czy tylko ja tak myślę?

Siostra zapomniała o macie i wróciła do domu bez prezentu.

Na spotkaniu w pracy proponowano różne upominki reklamowe, ale gdy zasugerował prezent związany z kulturą, nikt nie powiedział, że nie podoba mu się ten pomysł. Okazało się, że piosenkarz, który był popularny wśród fanów średniego pokolenia, grał długą serię koncertów, więc Hyong-chol zdobył mnóstwo biletów i został pochwalony przez swojego szefa. Może był to piosenkarz, który podobał się też szefowi. Badanie wykazało, że bilety na koncert poprawiły wizerunek firmy. Prawdopodobnie nie miało to nic wspólnego z upominkami reklamowymi, ale prawie wszystkie jego mieszkania w Songdo zostały sprzedane, podczas gdy sprzedaż apartamentów Kima w Yongin wyniosła jedynie 60%. Kim zdenerwował się, kiedy jego pomysł okazał się chybiony. Gdy więc wytknął to Hyong--cholowi, ten wyśmiał go, tłumacząc, że to tylko łut szczęścia.

Ale po kilku wypitych drinkach Kim powiedział, że z taką mądrą głową Hyong-chol w innym miejscu mógłby zrobić karierę. Kim wiedział, że Hyong-chol studiował prawo na studiach wieczorowych, przygotowując się do egzaminu adwokackiego. Posunął się nawet do komentarza, że nie wie, jakiego sposobu użył, aby awansować tak szybko, skoro nawet nie jest absolwentem Uniwersytetu Yonsei lub Koryo, które skończyła większość głównych graczy w firmie. W końcu Hyong-chol wylał wódkę nalaną mu przez Kima i wyszedł. Tego ranka, gdy jego żona powiedziała, że chce odwiedzić ich syna, zamiast jechać na dworzec seulski, on postanowił, że w takim razie sam pojedzie po rodziców. Ojciec chciał zatrzymać się u jego brata, który właśnie przeniósł się do nowego mieszkania. Miał ich odebrać, a potem tam zawieźć, ale w pracy poczuł się źle i rozbolała go głowa. Ojciec zapewnił, że sami trafią... Hyong-chol zamiast pojechać na dworzec seulski, udał się do sauny w pobliżu pracy. Często ją odwiedzał dzień po wypiciu dużej ilości alkoholu. Kiedy się wypacał, ojciec był już w pociągu, bez mamy.

Jako chłopiec, Hyong-chol postanowił, że zostanie prokuratorem i sprawi, że mama wróci do domu, który opuściła rozczarowana zachowaniem ojca. Ojciec przyprowadził do domu kobietę o jasnej cerze pachnącą pudrem. Kiedy ona wchodziła bramą frontową, mama wyszła tylną. Kobieta, aby zdobyć zimne serce Hyong-chola, każdego dnia wkładała jajko sadzone do pudełka z drugim śniadaniem. Chłopak wybiegał z domu z pudełkiem starannie owiniętym chusteczką i zostawiał go na podwórzu za dużymi słoikami z przyprawami. Następnie szedł na lekcje. Jego rodzeństwo, widząc to, ukradkiem zabierało porzucone jedzenie. Kiedyś, w drodze do szkoły, zabrał rodzeństwo na cmentarz. Wykopał dół, a potem nakazał każdemu wrzucić do niego swój obiad. Młodszy brat próbował uciec z jedzeniem, ale Hyong-chol złapał go i zmusił do oddania. Jego siostra posłusznie zwróciła swój posiłek. Mógł wtedy wyrzucić wszystkie pojemniki. Miał nadzieję, że dzięki temu kobieta nie będzie już w stanie przygotowywać im jedzenia do szkoły. Ona jednak poszła do miasta i kupiła nowe pojemniki, które utrzymywały ciepło ryżu. Matka dowiedziała się, że Hyong-chol nie je nic w szkole, i zaniepokojona poszła z nim porozmawiać. To było jakieś dziesięć dni po tym, jak ta kobieta zamieszkała z nimi.

– Mamo! – łzy wylewały mu się z oczu.

Mama zaprowadziła go na wzgórze za szkołą. Podciągnęła mu nogawki, aby odsłonić łydki. Z płaszcza wyjęła pasek i zaczęła go po nich bić.

– Dlaczego nie jesz?! Czy myślisz, że będę szczęśliwa, jeśli nie będziesz jadł?!

Lanie mamy było bolesne. Był zdenerwowany, że jego rodzeństwo nie słucha go, a teraz nie mógł zrozumieć, dlaczego mama go bije. Serce miał przepełnione smutkiem. Nie wiedział, dlaczego mama była taka zła.

– Będziesz jadł drugie śniadanie? Będziesz?
– Nie!
– Ty mały...

Mama biła go coraz mocnej. Ani razu nie krzyknął z bólu. Wkrótce się zmęczyła. Stał nieruchomo, milczał i cierpiał z bólu.

– Nawet teraz?

Łydki były nabrzmiałe i czerwone.

– Nie! – krzyknął.

W końcu mama wyrzuciła pasek i powiedziała:
– Hyong-chol, ty mały szczeniaku!
A potem wybuchła płaczem i objęła go. Zaczęła przekonywać go do jedzenia. Powiedziała, że musi jeść i nieważne, kto mu gotuje posiłki. Powiedziała, że będzie mniej smutna, kiedy będzie jadł. To był pierwszy raz, kiedy usłyszał jak mama mówi takie słowa. Nie rozumiał, dlaczego prawidłowe odżywianie sprawi, że byłaby mniej smutna. Od kiedy mama opuściła dom z powodu tej kobiety, logiczne by było, że byłaby smutna, gdyby jadł posiłki przygotowywane przez obcą osobę, ale mama powiedziała mu, że jest na odwrót. Ona będzie mniej smutna, gdy będzie jadł, nawet jeśli będzie to jedzenie przygotowane przez inną kobietę. Nie rozumiał, ale ponieważ nie chciał, żeby była smutna, przyrzekł mamie:
– Będę jadł.
– Mój kochany chłopak – załzawione oczy mamy zabłysły od uśmiechu.
– Ale obiecaj, że wrócisz do domu! – nalegał.
W oczach mamy pojawiło się wahanie.
– Nie chcę wracać do domu.
– Dlaczego? Dlaczego?
– Nigdy więcej nie chcę widzieć twojego ojca.
Łzy spływały jej po policzkach. Wyglądało na to, że mama naprawdę nigdy nie powróci. Może dlatego powiedziała, że ma jeść, nie zważając na to, kto mu gotuje. Żył w obawie, że mama już nigdy nie wróci do domu.
– Mamo, zrobię wszystko. Będę pracować przy zbożu i na polach ryżowych, i zamiatać podwórko, i będę przynosić wodę. Będę skubać ryż i rozniecać ogień. Będę łapać myszy i zabijać kurczaka na obrzędy przodków. Tylko wróć!

Zawsze przed obrzędami lub innymi świętami mama prosiła ojca lub innego mężczyznę w domu o zabicie kurczaka. Mama, która szła na pole po ulewnych deszczach i prostowała cały dzień połamane łodygi fasoli, która praktycznie niosła ojca na plecach do domu, gdy ten był pijany, która biła świnię kijem, gdy uciekała z chlewa, nie potrafiła zabić kurczaka. Gdy Hyong-chol złowił rybę, nie chciała jej nawet dotknąć, dopóki nie była martwa. Kiedy podczas Dnia Łapania Myszy każdy miał przynieść mysi ogon, aby pokazać, że udało mu się ją schwytać, matki innych dzieci łapały gryzonie, odcinały im ogonki i owijały w papier. Mama nie chciała o tym nawet słyszeć. Mama, kobieta o solidnej budowie, nie mogła złapać myszy. Ilekroć szła do szopy po ryż, na widok gryzonia wybiegała z krzykiem na zewnątrz. Ciotka w takich chwilach patrzyła na mamę z dezaprobatą. Mimo że Hyong-chol obiecał, że będzie zabijać kury i gonić myszy, mama nie mogła obiecać, że wróci do domu.

– Stanę się ważną osobą – obiecał Hyong-chol.
– Kim będziesz?
– Prokuratorem!
Oczy mamy zabłysły.
– Jeśli chcesz być prokuratorem, musisz się dużo uczyć. Dużo więcej, niż ci się wydaje. Znam kogoś, kto chciał być prokuratorem, studiował dzień i noc, aż w końcu zwariował, bo nigdy nim nie został.
– Będę nim, jeśli wrócisz do domu…
Mama zauważyła niepokój w jego oczach. Uśmiechnęła się.
– Tak, wiem, że możesz to zrobić. Umiałeś mówić „ma" zanim miałeś 100 dni. Mimo że nikt nie uczył cię czytać, nauczyłeś się sam, jak tylko poszedłeś do szkoły, a potem byłeś

najlepszy w klasie. Dlaczego miałabym opuszczać ten dom, gdy ty tam jesteś... Dlaczego nie pomyślałam o tym? Ty tam przecież jesteś.

Mama popatrzyła na jego zakrwawione łydki, a potem odwróciła się, przykucnęła i poprosiła, by wszedł na jej plecy. Spojrzał na nią. Odwróciła głowę.
– Idziemy do domu.

Mama weszła do domu, wygoniła kobietę z kuchni i zaczęła gotować. Gdy kobieta i ojciec poszli mieszkać do innego domu w mieście, mama zawinęła rękawy, chwyciła garnek z ryżem, który wisiał nad kominkiem, i wyrzuciła go do potoku. Wyglądało na to, że mama stała się wojownikiem, aby mogła wrócić do domu zgodnie ze złożoną synowi obietnicą. Kiedy ojciec i kobieta nie mogli już znieść plotek na swój temat, opuścili miasto. Wtedy zawołała Hyong-chola i kazała mu usiąść przed sobą. A potem zapytała spokojnym głosem:
– Ile się dziś uczyłeś?

Gdy wyciągnął test, za który dostał doskonały wynik, ponure oczy mamy odzyskały blask. Spojrzała na test, w którym każda dobra odpowiedź zaznaczona była czerwonym kółkiem, i objęła syna.
– Ach, moje dziecko!

Mama rozpieszczała go, gdy ojciec ich opuścił. Pozwalała mu jeździć jego rowerem. Dała mu jego matę do spania i przykryła jego kocem. Nakładała mu ryż do dużej miski, której używał tylko ojciec. Przed nim pierwszym stawiała zupę. Kiedy jego rodzeństwo zaczynało jeść, ona krzyczała: „Wasz brat jeszcze nie podniósł łyżki!". Gdy handlarz, który sprzedawał owoce, przyszedł z torbą wypełnioną winogronami, zamieniła się z nim, dając mu połowę suszonych. I zostawiła wszystkie dla Hyong-chola, mówiąc innym dzieciom, że „to są owoce dla brata". Za każdym razem, gdy to robiła, przypominała mu, że musi zostać prokuratorem.

Stale myślał, że musi nim zostać, aby zatrzymać mamę w domu.

Tamtej jesieni mama zebrała ryż, łuskała go i suszyła sama, bez ojca. Kiedy Hyong-chol chciał jej pomóc, wypchnęła go do pokoju i powiedziała: „Idź się uczyć". Mama zabierała rodzeństwo w pole za wzgórzem, aby kopało słodkie ziemniaki, a jego pchała do nauki. Kiedyś wrócili o zmierzchu z taczkami wypełnionymi patatami. Jego brat, który chciał zostać w domu, żeby się uczyć, został zmuszony do pracy w polu. Gdy pochylił się nad studnią, aby wyszorować brud spod paznokci, zapytał mamę:

– Mamo! Czy Hyong-chol jest taki ważny?
– Tak! Jest ważny!

Mama uderzyła jego brata po głowie, nie dając mu szansy na kolejne pytanie.

– Więc nas nie potrzebujesz?
– Nie! Nie potrzebuję was.
– To chcemy mieszkać z ojcem!
– Co?

Mama chciała uderzyć brata ponownie w głowę, ale powstrzymała się.

– Tak! Wy też jesteście ważni. Wszyscy jesteście ważni! Chodźcie tu, moje ważne dzieci!

Wszyscy zaśmiali się. Hyong-chol, który siedział wtedy w pokoju przy biurku i słuchał swojej rodziny rozmawiającej na zewnątrz przy studni, też się uśmiechnął.

Nie pamiętał, kiedy dokładnie mama przestała zamykać bramę na noc. Zaraz po śniadaniu zaczęła odkładać trochę ryżu do miski ojca i chowała ją pod kocem w najcieplejszej części pokoju. Hyong-chol uczył się jeszcze więcej, kiedy ojca nie było. Mama nie chciała, żeby pomagał w polu. Nawet kiedy krzyczała na inne dzieci, że zostawiły paprykę rozłożoną na podwórku podczas deszczu, zniżała głos, bo wiedziała, że on się uczy. Twarz mamy była zawsze wykrzywiona ze zmęczenia i obawy, ale gdy Hyong-chol czytał na głos, skóra wokół jej oczu stawała się jaśniejsza, jak gdyby przyprószyła ją pudrem. Mama cicho otwierała i zamykała drzwi do jego pokoju. Bezgłośnie zostawiała gotowane słodkie ziemniaki lub śliwki i delikatnie zamykała drzwi. Pewnej zimowej nocy, gdy śnieg padał na ganek, ojciec wszedł przez otwartą bramę i odchrząknął. Zdjął buty i uderzył nimi o ścianę, żeby otrzepać śnieg, a następnie wszedł do domu. Było tak zimno, że wszyscy spali razem. Przez półotwarte oczy Hyong-chol obserwował, jak ojciec głaszcze po głowach śpiące rodzeństwo i patrzy na nie, a potem na mamę, która bez słowa zostawiała dla niego ryż, wodorosty smażone na oleju oraz miskę gotowanej wody. Jak gdyby czuła, że pewnego dnia tata ma wrócić.

Gdy ukończył studia wieczorowe i zdał egzamin rekrutacyjny do firmy, w której teraz pracował, mama nie była szczęśliwa. Nawet nie uśmiechała się, kiedy sąsiedzi gratulowali jej, gdy Hyong-chol dostał pracę w najlepszej firmie w kraju. A kiedy przyjechał do domu z bielizną – tradycyjnym podarunkiem, który kupił za swoją pierwszą pensję, krzyknęła: "A co z tym, kim miałeś być?".

Obiecał matce, że będzie ciężko pracował w firmie i przez dwa lata odłoży pieniądze, aby ponownie rozpocząć naukę.

Mama, gdy była młodsza, zawsze kazała mu trenować silną wolę.

To się zdarzyło, kiedy mama przyjechała do miasta z jego siostrą, która właśnie ukończyła gimnazjum. Poprosiła go, aby zaopiekował się nią. Przywiezienie siostry przed zgromadzeniem pieniędzy na egzamin adwokacki sprawiło, że nie mogła spojrzeć mu w oczy. Cały czas przepraszała go za to.

– Jest już na tyle duża, że potrzebuje więcej nauki. Musisz coś zrobić, żeby mogła chodzić tutaj do szkoły. Nie mogę pozwolić, żeby żyła jak ja.

Spotkali się pod wieżą zegarową na dworcu seulskim i mama powierzyła mu pod opiekę – dwudziestoczteroletniemu mężczyźnie – jego piętnastoletnią siostrę. Zanim wróciła do domu, zaproponowała zjedzenie zupy i ryżu. Mama wybierała wołowinę ze swojej zupy i wkładała do jego miski. Nawet kiedy powiedział, że nie może zjeść wszystkiego i że powinna też jeść, ona ciągle wkładała mięso do jego miski. Chociaż sama zaproponowała obiad, nie zjadła ani jednej łyżki.

– Nie jesz? – zapytał.

– Jem, jem – powiedziała, ale wciąż wkładała mu mięso.

– Ale… co zamierzasz zrobić?

Mama odłożyła łyżkę.

– To wszystko moja wina. Przepraszam, Hyong-chol.

Gdy stała na dworcu seulskim, czekając na pociąg do domu, jej szorstkie dłonie z krótko obciętymi paznokciami schowane były głęboko w kieszeniach. Łzy spływały jej po twarzy. Pomyślał wtedy, że jej oczy przypominają krowie – szczere i łagodne.

Zadzwonił do siostry, która ciągle była na dworcu. Dzień stawał się coraz krótszy. Milczała, gdy usłyszała jego głos. Wydawało się, że czeka, aż on przemówi pierwszy. Na ulotce podali numery telefonów komórkowych wszystkich członków rodziny, ale prawie wszyscy ludzie dzwonili do niej. Większość z nich przekazywała fałszywe wiadomości. Jeden facet twierdził: „Ta pani jest teraz ze mną". Nawet podał szczegółową informację, gdzie się właśnie znajdował. Jego siostra pojechała taksówką w miejsce wskazane przez rozmówcę i znalazła młodego mężczyznę chrapiącego tak głośno i pijanego tak mocno, że nie zauważyłby, gdyby ktoś go zabrał.

– Nie ma jej tutaj – powiedziała siostra, głęboko oddychając.
– Zamierzasz zostać na stacji?
– Na chwilę… Mam jeszcze trochę ulotek.
– Przyjdę do ciebie. Zjemy coś.
– Nie jestem głodna.
– Chodźmy więc się napić.
– Napić? – jego siostra zamilkła na chwilę. – Dostałam telefon z apteki, która znajduje się naprzeciw targu Sobu w dzielnicy Yokchon. Ktoś zobaczył ulotkę i twierdzi, że widział kogoś podobnego do mamy w tej dzielnicy dwa dni temu… Ale powiedział, że miała na sobie niebieskie plastikowe sandały. Musiała chodzić długo, ponieważ na górze stopy miała ranę, która zainfekowała skórę aż do paznokci u nóg. Dał jej jakieś lekarstwo…

– Niebieskie sandały?
Odsunął telefon komórkowy od ucha.
– Bracie!
Znowu przyłożył telefon do ucha.
– Mam zamiar tam jechać. Jedziesz ze mną?
– Do dzielnicy Yokchon? Masz na myśli ten rynek Sobu, przy którym mieszkaliśmy?
– Tak.
– Dobrze.

Nie chciał wracać do domu. Nie miał nic szczególnego do powiedzenia siostrze. Zadzwonił do niej z myślą, że ona też nie chce wracać do swojego mieszkania. Dzielnica Yokchon? Uniósł rękę, żeby złapać taksówkę. Nie rozumiał. Kilka osób zadzwoniło i powiedziało, że widzieli mamę w niebieskich, plastikowych sandałach. O dziwo, wszyscy mówili, że widzieli ją w dzielnicach, w których kiedyś mieszkał: Kaebong, Taerim, Oksu, Tongsung w apartamencie Naksan, Suyu, Singil, Chongnung. Zapytani twierdzili, że widzieli ją trzy dni temu, a niektórzy, że tydzień temu. Ktoś nawet powiedział, że widział ją na miesiąc przed jej zaginięciem. Za każdym razem, kiedy dostawał jakąś informację, jechał do tej dzielnicy sam, z rodzeństwem lub z ojcem. Chociaż wszyscy mówili, że ją widzieli, on nie mógł znaleźć nikogo podobnego do mamy w niebieskich, plastikowych sandałach. Po wysłuchaniu każdej z historii jedyne co mógł zrobić, to powiesić kilka ulotek na słupach w sąsiedztwie lub na drzewach w parku czy wewnątrz budek telefonicznych, tak na wszelki wypadek. Kiedy szedł w miejsca, gdzie kiedyś mieszkał, zatrzymywał się i rozglądał. Bez względu na to, gdzie mieszkał, mama nigdy nie przyjeżdżała sama. Ktoś z rodziny szedł odebrać ją na dworzec lub przystanek autobusowy. Mama nigdy nie poruszała się po mieście bez towarzystwa. Kiedy jechała odwiedzić brata, ten przyjeżdżał po nią, a kiedy jechała do siostry, to ona po nią wyjeżdżała. Nikt nigdy nie powiedział tego głośno, ale wszyscy wiedzieli, że mama nie jest w stanie poruszać się po tym mieście bez pomocy innych. Tak więc, gdy mama przyjeżdżała do Seulu, ktoś zawsze był z nią. Po umieszczeniu ogłoszenia w gazecie i w Internecie oraz rozdaniu ulotek zdał sobie sprawę, że mieszkał w tym mieście aż w dwunastu dzielnicach. Wyprostował się i spojrzał w górę. Dzielnica Yokchon była pierwszą dzielnicą, w której udało mu się kupić dom.

– Zbliża się święto żniw...
Jego siostra jechała taksówką w kierunku dzielnicy Yokchon i nerwowo skubała paznokcie. Odchrząknął i zmarszczył brwi. Za kilka dni będzie miał wolne z powodu *chuseok*. Media donoszą, że coraz więcej ludzi wyjeżdża w czasie świąt za granicę. Kiedyś ludzie krytykowali tych, którzy wyjeżdżali w czasie świąt, ale teraz mówią do przodków: „Niebawem wrócimy" i pędzą na lotnisko. Gdy ludzie zaczęli wspólnie odprawiać obrzędy na wakacjach, obawiali się, czy duchy przodków będą mogły ich odnaleźć, ale teraz po prostu wskakiwali do samolotów. Dziś rano jego żona, czytając gazetę, powiedziała, jakby to była wiadomość dnia: „Mówi się, że ponad milion ludzi wyjedzie w tym roku za granicę". Odpowiedział, że ludzie na pewno mają dużo pieniędzy, a ona wymamrotała: „Ludzie, którzy nie wyjeżdżają, wcale nie są mądrzy".
Ojciec cicho ich obserwował.

Żona kontynuowała: „Od czasu, kiedy koledzy naszych dzieci wyjeżdżają za granicę na *chuseok*, nasze dzieci mówią, że żałują, że my tak nie robimy". Kiedy spojrzał na żonę z wyrzutem, nie mogąc słuchać jej dłużej, wyjaśniła: „Wiesz, dzieci są wrażliwe na tego typu rzeczy".
Ojciec wstał od stołu i poszedł do swojego pokoju.
– Czyś ty oszalała? Czy to dobry moment na takie rozmowy? – krzyknął, a jego żona odparła:
– To nie są moje słowa. To nasze dzieci chciałyby wyjechać. Nie mogę nawet przekazać ich słów? To takie frustrujące. Czy mam żyć, nic nie mówiąc?
Jego żona wstała i odeszła od stołu.

– Czy nie powinniśmy wstrzymać obrzędów ku czci przodków? – zapytała Chi-hon.
– Od kiedy myślisz o obrzędach? Nigdy nie przyjeżdżałaś do domu nawet na święta, a teraz myślisz o *chuseok*?
– To był błąd. I nie powinnam tak robić.
Patrzył, jak jego siostra przestała skubać paznokcie i włożyła ręce do kieszeni kurtki. Zawsze tak robiła, kiedy była zdenerwowana. Wciąż nie pozbyła się tego nawyku.

Kiedy mieszkali razem i musiał spać w jednym pokoju z rodzeństwem, jego siostra kładła się obok ściany, on leżał w środku, a jego brat obok drugiej ściany. Uderzony nagle w twarz, budził się i odkrywał, że ręka brata znajduje się na jego buzi. Delikatnie ją zdejmował i gdy ponownie zasypiał, ręka siostry opadała na jego klatkę piersiową. To był ich zwyczaj spania nabyty jeszcze w dużym pokoju na wsi. Pewnej nocy, kiedy dostał pięścią w oko, głośno krzyknął. Jego rodzeństwo obudziło się.

– Hej! Co się stało?!

Jego siostra zorientowała się, co zrobiła, i pośpiesznie schowała ręce do kieszeni.

– Jeśli tak ma być dłużej, wracaj do domu!

Czy nie powinien tego mówić? Teraz w taksówce odwrócił głowę i spojrzał na swoją siostrę.

Następnego dnia naprawdę pojechała do domu mamy, zabierając wszystkie swoje rzeczy. Mama przywiozła ją z powrotem. Kazała jej klęknąć przed bratem i prosić o przebaczenie. Jego uparta siostra nie zrobiła tego.

– Poproś go, aby ci przebaczył!

Mama prosiła, ale ona nie ruszyła się z miejsca.

Jego siostra była zazwyczaj łagodna, ale gdy uparła się na coś, nikt nie mógł jej przekonać. Czy to było w czasie nauki w gimnazjum? Raz zmusił ją, żeby umyła mu tenisówki, chociaż nie chciała tego zrobić. Zazwyczaj była posłuszna. Ale tego dnia zdenerwowała się, zabrała jego nowe trampki nad potok i wrzuciła do wody. Biegł całą drogę wzdłuż rzeki, aby złapać płynące buty. Po pewnym czasie tylko rodzeństwo o tym pamiętało. Wrócił wtedy do domu zły, tylko z jednym butem, zielonym od brudnej wody i glonów. Siostra nie powiedziała „Przepraszam", nawet gdy mama zapytała, gdzie nauczyła się być taka twarda i nerwowa. Zamiast tego była zła na mamę.

– Powiedziałam mu, że nie zrobię tego! Powiedziałam mu, że nie! Nie mam zamiaru robić tego, czego nie chcę robić!

Mama rozkazała Chi-hon:

– Powiedziałam ci, że masz go prosić o przebaczenie. Mówiłam ci, że twój brat jest jak rodzic w tym domu. Jeśli nie pozbędziesz się nawyku uciekania z domu, bo twój brat cię skarcił, to będziesz taka przez całe życie. A jeśli coś nie będzie po twojej myśli, jak będziesz mężatką, też masz zamiar zabierać swoje rzeczy i odchodzić?

Im więcej mama mówiła jej, żeby prosiła o wybaczenie, tym głębiej wkładała ręce do kieszeni. Zasmucona mama westchnęła:

– Teraz to dziecko nie będzie mnie słuchać. To dziecko mnie ignoruje, bo nie mam nic i nie mam wykształcenia... – i rozpłakała się.

Kiedy lament mamy zamienił się w łzy, jego siostra powiedziała:

– To nie to, mamo!

Aby mama przestała płakać, musiała obiecać, że poprosi o przebaczenie, że powie „przepraszam", i wyciągnęła ręce z kieszeni, prosząc brata, aby jej przebaczył. Od tego czasu siostra spała z rękami w kieszeniach. Gdy podnosił głos, ona szybko chowała dłonie do kieszeni.

Po zaginięciu mamy, gdy ktoś coś jej wytykał, nawet coś trywialnego, jego uparta siostra przyznawała: „Przepraszam, nie powinnam tego robić".

– Kto ma umyć okna w domu? – zapytała Chi-hon.
– Co ty mówisz?
– O tej porze roku mama zawsze myła okna.
– Okna?
– Kiedy zapytałam, dlaczego to robi, powiedziała, że nie można mieć brudnych szyb, gdy rodzina przyjeżdża na dożynki.

Oczami wyobraźni zobaczył okna ich wiejskiego domu, który kilka lat temu został przebudowany i teraz miał okna w każdym pokoju. W starym domu znajdowało się tylko jedno okno w drzwiach.

– Gdy zasugerowałam, żeby zatrudniła kogoś do mycia okien, zapytała: „A kto przyjedzie do tej dziury, żeby umyć okna?".

Jego siostra głęboko westchnęła i wystawiła rękę za okno taksówki.

– W dzieciństwie o tej porze roku robiła porządki w całym domu... Pamiętasz? – spytała.
– Tak.
– Pamiętasz?
– Powiedziałem, że tak!
– Kłamca.
– Dlaczego myślisz, że kłamię? Pamiętam. Na drzwiach naklejała liście klonu. Nawet gdy ciocia krzyczała na nią z tego powodu.
– A więc naprawdę pamiętasz. Pamiętasz, jak szliśmy do ciotki zbierać liście klonu?
– Pamiętam.

Zanim wybudowano nowy dom, mama wybierała słoneczny dzień tuż przed dożynkami i zdejmowała wszystkie drzwi w domu. Czyściła je wodą i suszyła na słońcu, robiła trochę pasty i je nią szorowała. Za każdym razem, kiedy Hyong-chol widział drzwi zdjęte z zawiasów i wystawione do suszenia, myślał: „Ach, to już prawie dożynki". Dlaczego nikt nie pomagał mamie nałożyć na drzwi nowego papieru? Przecież w rodzinie było tylu mężczyzn. Jego siostra prawdopodobnie kręciła się w pobliżu i mieszała palcem w wiadrze wodnistą pastę. Mama brała pędzel i szybko wkładała do pasty, jakby fachowo rysowała tuszem na papierze tradycyjne wzory orchidei w stylu tradycyjnego malarstwa. Potem sama nakładała nowy papier na framugi wyczyszczonych drzwi. Podczas tej pracy była wesoła i pogodna. Pracę mamy mógłby teraz wykonać bez problemu, mimo że jest dużo starszy niż ona była w tamtym czasie. Kiedy siostra zapytała szybko pracującej mamy, w czym pomóc, ona odpowiedziała, żeby przynieść jej liście klonu. Mimo że wokół domu rosły śliwy i drzewa jojoby, mama specjalnie używała liści klonu, których nie było w ich gospodarstwie. Raz, aby je zdobyć, Hyong-chol musiał pójść wzdłuż alejki i potoku, aż do domu ciotki, który stał przy nowej drodze. Gdy zbierał liście, ciocia zapytała:

– Co masz zamiar z nimi zrobić? Czy to twoja matka kazała ci je zebrać? Cóż to za romantyczne bzdury? Jeśli w zimie otworzy się drzwi pokryte liśćmi klonu, to jest chłodniej, ale ona zamierza popełnić ten błąd jeszcze raz, mimo że jej to tłumaczyłam wiele razy.

Kiedy przyniósł dwie garście liści klonu, mama bardzo starannie umieściła je przy klamkach wszystkich drzwi i wkleiła na papier. Dodatkowe arkusze papieru pokrywały powierzchnię w miejscach, w których dotyka się drzwi podczas otwierania, tak żeby ten obszar się nie brudził. Na jego drzwiach mama przykleiła o trzy liście więcej niż na innych, rozkładając je niczym kwiat, przycisnęła dokładnie dłonią i zapytała: „Podoba ci się?". Wyglądało to, jakby małe dziecko otwierało pięć palców. Bez względu na to, co mówiła ciotka, jemu się podobało. Kiedy powiedział, że wyglądają świetnie, na twarzy mamy pojawił się szeroki uśmiech. Dla mamy, która nie lubiła zaczynać świąt z podziurawionymi czy zdartymi drzwiami, zużytymi od ciągłego otwierania i zamykania w lecie, naklejanie nowego papieru symbolizowało początek jesieni i rozpoczęcie dożynek. Pewnie nie chciała, żeby rodzina zachorowała z powodu chłodnego, wczesnojesiennego wiatru.

Nieświadomie włożył ręce do kieszeni spodni, podobnie jak jego siostra. Liście klonu naklejone obok klamki zostały z rodziną do zakończenia dożynek, przez zimę, aż nowe liście wykiełkowały na wiosnę.

Zniknięcie mamy odświeżyło w jego pamięci wiele zdarzeń, o których myślał, że już je zapomniał. Podobnie było z drzwiami z klonowymi liśćmi.

Dzielnica Yokchon nie jest starą dzielnicą. Kiedy po raz pierwszy w niej zamieszkał, były tu tylko krótkie uliczki i niskie domy. Teraz jest tłoczno od wysokich budynków mieszkalnych i sklepów odzieżowych. On i jego siostra przeszli tam i z powrotem dwa razy, zarówno od frontu, jak i z tyłu budynku. Ale nie mogli odnaleźć rynku Sobu, który był w środku dzielnicy Yokchon. Spytali przechodzącego studenta o targ. Okazało się, że rynek Sobu znajdował się w zupełnie innym miejscu. Duży sklep zastąpił budkę telefoniczną, na którą Hyong-chol patrzył kiedyś codziennie. Nie rozpoznał sklepu z wełną, gdzie jego żona kupowała materiały na zajęcia dziewiarskie, z których robiła sweterek dla ich nowo narodzonej córki.

– Myślę, że to tam, bracie!

Rynek Sobu kiedyś był położony nieco na uboczu. Teraz schował się między nowe drogi tak, że trudno było zauważyć jakikolwiek znak, który prowadziłby do niego.

– Ten człowiek powiedział, że to naprzeciw bazaru Sobu…
Jego siostra pobiegła do wejścia na rynek, stanęła tyłem do niego i popatrzyła uważnie na sklepy.
– O, tam jest!
Spojrzał na miejsce wskazywane przez siostrę i zobaczył znak z napisem Apteka Sobu, wciśnięty pomiędzy bar a kafejkę internetową. Farmaceuta w okularach, mniej więcej w wieku pięćdziesięciu lat, spojrzał na nich, gdy wchodzili do środka. Kiedy siostra powiedziała: „To pan zadzwonił do nas po obejrzeniu ulotki", farmaceuta zdjął okulary.
– Dlaczego wasza matka zaginęła?
Było to najbardziej kłopotliwe pytanie, jakie im zadawano. Chociaż nie chcieli rozpowszechniać historii, jak to się stało, że zaginęła, ludzie zawsze zadawali to pytanie. Pytanie, które przeważnie zawiera mieszaninę ciekawości i krytyki. Na początku szczegółowo wyjaśniali, że była na dworcu seulskim… ale teraz po prostu powiedzieli, że tak się stało i już. Starali się pokazać po sobie, że bardzo ich to boli. To jedyny sposób, żeby wyjść poza pytanie, w jaki sposób do tego doszło.
– Czy ma amnezję?
Jego siostra nie odpowiedziała, więc on sam zaprzeczył.
– Ale jak można się tak zachowywać, kiedy staracie się ją odnaleźć? Zadzwoniłem jakiś czas temu, a wy teraz przychodzicie?
Farmaceuta powiedział, że mogliby ją znaleźć, gdyby przyszli wcześniej, ale mama już poszła gdzieś indziej.
– Kiedy ją pan widział? Czy wyglądała jak nasza mama? – jego siostra wyciągnęła ulotkę i wskazała na zdjęcie.
Aptekarz powiedział, że widział ją sześć dni temu. Farmaceuta, który mieszkał na trzecim piętrze tego budynku, zszedł

o świcie, aby otworzyć okiennice apteki, i zobaczył starą kobietę śpiącą przed barem obok pojemników na śmieci. Powiedział im, że miała na sobie niebieskie plastikowe sandały. Musiała bardzo długo chodzić, bo miała głęboką ranę na nodze, niemal do kości. Rana została zainfekowana i nie można było prawie nic z tym zrobić.

– Jako farmaceuta nie mogłem jej tak po prostu zostawić. Pomyślałem, że przynajmniej należy zdezynfekować ranę, więc wszedłem do środka i wziąłem kilka odkażających leków oraz plaster, ale ona w tym czasie się obudziła. Nawet kiedy obcy dotykał jej stóp, nie ruszała się. Taka była słaba. Przy tego rodzaju ranie normalne jest, że pacjent krzyczy z bólu. Jednak kiedy ją obmywałem, w ogóle nie reagowała, co mnie zaskoczyło. Zakażenie było tak duże, że ropa sączyła się obficie. Smród był naprawdę okropny. Nie wiem, ile razy to zdezynfekowałem. Potem posmarowałem maścią, a ponieważ plaster nie był wystarczająco duży, owinąłem stopę bandażem. Wyglądało na to, że zabezpieczyłem ranę, więc poszedłem do środka, żeby zadzwonić na policję, ale zaraz wyszedłem zadać pytanie, czy kogoś zna. Jadła sushi z kosza na śmieci. Musiała być głodna. Powiedziałem jej, że dam jej coś do jedzenia i że powinna wyrzucić to do śmieci, ale nie chciała, więc sam wyrwałem jej z ręki i wyrzuciłem. Kiedy zabrałem jej stare jedzenie, nic nie zrobiła. Poprosiłem ją, aby weszła do środka apteki. A ona po prostu siedziała dalej, jakby mnie nie rozumiała. Czy ona jest głucha?

Jego siostra milczała, więc on sam zaprzeczył.

– Zapytałem ją: „Gdzie pani mieszka? Czy zna pani kogoś, kto może po panią przyjść? Jeśli zna pani numer telefonu kogoś bliskiego, to zadzwonię", ale ona milczała, mrużąc oczy. Nie mogłem nic zrobić, więc wszedłem do środka i zadzwoniłem po policję, a kiedy wyszedłem, już jej nie było. To było dziwne. Byłem w środku tylko kilka minut, a jej już nie było.

– Nasza mama nie miała na sobie niebieskich plastikowych sandałów. Miała na sobie beżowe sandały. Czy na pewno były niebieskie i plastikowe?

– Tak. Miała na sobie jasnoniebieską koszulę, a na niej biały lub beżowy kubrak, to było tak brudne, że trudno powiedzieć. Jej plisowana spódnica była być może biała, tylko że tak samo pobrudzona, że stała się beżowa. Jej łydki krwawiły z powodu ukąszeń komarów.

Poza niebieskimi sandałami z plastiku mama miała na sobie taki właśnie strój w dniu zaginięcia.

– Tutaj mama ma na sobie *hanbok*. Jej włosy wyglądają zupełnie inaczej... Jest ładnie umalowana. Na tym zdjęciu wygląda inaczej niż wtedy, kiedy zaginęła. Co sprawiło, że pomyślał pan o naszej mamie, kiedy zobaczył pan tę kobietę?

Jego siostra miała nadzieję, że może to nie była mama, ponieważ kobieta, którą widział farmaceuta, wyglądała tak żałośnie.

– To ta sama kobieta. Jej oczy są takie same. Hodowałem krowy, kiedy byłem młody, więc widziałem takie oczy. Rozpoznam ją, nawet jeśli ona wyglądała inaczej.

Jego siostra opadła na krzesło.

– Czy policja przyjechała?

– Zadzwoniłem do nich ponownie i powiedziałem, żeby nie przyjeżdżali, bo jej już nie ma.

Hyong-chol i jego siostra wyszli z apteki i rozstali się, uzgadniając spotkanie na placu zabaw na jednym z nowych kompleksów mieszkaniowych za dwie godziny. Hyong-chol przeszukał ulice wokół nowych budynków mieszkalnych, które zajęły miejsce domu, w którym mieszkał, a jego siostra przeszukała okolice rynku Sobu, gdzie znajdowało się wciąż kilka starych uliczek. Ze względu na opowieść farmaceuty o kobiecie jedzącej sushi ze śmietnika przejrzał uważnie wszystkie kosze w pobliżu budynków. Przeszukał także okolice, gdzie stały zbiorniki do recyklingu. Zastanawiał się, gdzie może być dom, w którym kiedyś mieszkał. To był przedostatni dom w najdłuższej ulicy w sąsiedztwie. Aleja była tak długa, że gdy wracał późno z pracy, mógł obejrzeć się za sobą co najmniej dwa razy, zanim doszedł do bramy. Jego siostra czekała na niego na drewnianej ławce na placu zabaw. Wstała, gdy zobaczyła jego opadłe ramiona i powolny krok. O tej porze, w nocy, nie było na placu zabaw dzieci, jedynie garstka starszych ludzi, który wyszli na spacer.

Czy mama przyszła tu, do tego domu?

Kiedy po raz pierwszy mama przyjechała do tego domu, miała ze sobą niklowany czajnik. Tak duży, jak garnek na parę, pełen czerwonej owsianki z fasolą. Hyong-chol nie miał samochodu i gdy wziął od niej czajnik, warknął: „Dlaczego przywiozłaś takie ciężkie rzeczy?!". Mama tylko się uśmiechała. Jak tylko skręcili w zaułek, wskazała ręką dom i zapytała: „Czy to tutaj?", a kiedy przeszli dalej, wskazała następny dom i zapytała: „Czy to tutaj?". Gdy zatrzymali się w końcu przed jego domem, uśmiech pojawił się na jej twarzy: „To tutaj". Mama była podekscytowana niczym mała dziewczynka

podczas swojej pierwszej podróży poza rodzinne miasto. Delikatnie pchnęła bramę.
– Ojejku. Jest podwórko! Drzewo śliwy, winorośl!
Jak tylko mama postawiła stopę w domu, wylała kaszę z czajnika do miski, a potem zaczęła rozlewać ją we wszystkich pomieszczeniach. Powiedziała:
– W ten sposób można zapobiec nieszczęściu.
Jego żona, która właśnie stała się właścicielem domu po raz pierwszy w tym mieście, otworzyła drzwi jednego z trzech pokoi i podekscytowana oznajmiła:
– To jest twój pokój, matko. Gdy przyjedziesz do Seulu, możesz mieszkać w komfortowych warunkach.
Mama zajrzała i wykrzyknęła:
– Mam własny pokój!
Tej nocy usłyszał coś na podwórku i wyjrzał przez okno. Mama spacerowała po podwórzu. Dotknęła bramy i położyła rękę na winorośli, a następnie usiadła na schodach, które prowadziły do drzwi. Spojrzała na nocne niebo i stanęła pod gałęziami śliwy. Zastanawiał się, czy mama będzie wędrować tak po podwórzu całą noc, a potem otworzył okno i powiedział:
– Chodź spać.
Mama odpowiedziała:
– Dlaczego nie śpisz?
A potem zawołała tajemniczo:
– Hyong-chol, chodź tu.
Kiedy wyszedł, mama wyjęła kopertę z kieszeni i włożyła mu do ręki.
– Teraz wszystko, czego potrzebujesz, to tabliczka z nazwiskiem. Za te pieniądze kup sobie taką.

Spojrzał na mamę i kopertę, w której były pieniądze. A ona potarła ręce przepraszająco.

– Przykro mi, że nie mogłam pomóc ci w kupnie tego domu.

Gdy o świcie wracał z łazienki, cicho otworzył drzwi od jej pokoju. Mama i siostra leżały obok siebie, pogrążone w głębokim śnie. Mama uśmiechała się, a ręka jego siostry leżała swobodnie na podłodze.

Od jej pierwszej nocy w Seulu w dyżurce urzędu gminy, podczas świętowania jego dwudziestych urodzin, nie było dobrego miejsca w tym mieście, aby mama mogła wygodnie spędzić w nim czas. Często on i jego rodzeństwo jechali na spotkanie z mamą, która przyjeżdżała do Seulu autobusem na ślub kogoś z rodziny. Mama zawsze miała ogromny bagaż ze sobą. Przed zakończeniem ceremonii ślubnej pośpieszała go i jego rodzeństwo, aby szybko wracali do domu, a potem szybko zdejmowała weselne ubranie. Żywność, owinięta w gazetę, wypadała z zawiniątka mamy. Nie potrzebowała nawet minuty, żeby przebrać się w luźną koszulę i spodnie w kwiatki, które przywoziła w jednej z kieszeni swojej torby. Przystawki chowano do szafki z jedzeniem, a potem mama otrzepywała ręce i szybko zdejmowała nakrycia z koców i je prała. Robiła *kimchi* z solonej kapusty, którą przywiozła, i czyściła garnek, który robił się czarny od węgla lub przenośnego pieca, aż zaczął lśnić. Gdy poszewki na koce wyschły na słońcu, załatała w nich dziury. Potem umyła ryż oraz zrobiła zupę z fasoli, a następnie nakryła do stołu. Na stole były porządne porcje duszonej wołowiny, smażonych anchois, sezamu i *kimchi*, które przywiozła z domu. Kiedy on i jego rodzeństwo dostawali po misce ryżu, mama dokładała do każdej porcji kawałek wołowiny. Gdy wołali ją na jedzenie, mówiła: „Nie jestem głodna". Po jedzeniu mama myła miski pod bieżącą wodą i wychodziła kupić arbuza. Następnie szybko przebierała się w weselny strój i kazała wieźć się z powrotem na dworzec. Wtedy było już późno. Nawet kiedy mówili: „Zostań z nami na noc i wróć do domu jutro", mama odpowiadała: „Muszę jechać, mam jutro dużo rzeczy do zrobienia". Czekała na nią praca na polu ryżowym. Był to rodzaj pracy, która może poczekać do następnego dnia, ale mama zawsze wracała pociągiem tej samej nocy. Nawet jeśli było to z powodu tylko jednego pokoju, małego pokoju, w którym jej troje dorosłych dzieci musiało spać przytulonych do siebie, nie mogąc swobodnie się poruszyć, mama zawsze odpowiadała: „Muszę jechać, mam dużo rzeczy do zrobienia jutro".

Zawsze odnawiał swoje postanowienie, gdy odwoził wyczerpaną mamę z powrotem na stację, na nocny pociąg. *Będę zarabiać pieniądze, aby móc się przenieść do dwupokojowego mieszkania. Wynajmę dom. Kupię dom w tym mieście. Wtedy będę mógł mieć pokój, w którym ta kobieta będzie wygodnie spała.* Zawsze towarzyszył mamie aż na sam peron. Znajdował jej miejsce w pociągu i wręczał torbę z przekąskami, mleko bananowe lub mandarynki.
– Nie zaśpij, pamiętaj, aby wysiąść na stacji Jeongeup.
Mama upominała go:
– Pamiętaj. Tutaj to ty jesteś ojcem twojego rodzeństwa i ich matką.
Kiedy tak stał, trąc rękę o rękę, mając tylko dwadzieścia kilka lat, mama wstawała z siedzenia i łapała go za dłonie.

– Najstarszy brat musi być dostojny. Ma być wzorem do naśladowania. Jeśli najstarszy brat idzie w złym kierunku, jego rodzeństwo też będzie błądzić w życiu.

Gdy pociąg ruszał, oczy mamy wypełniały się łzami, ale nadal uśmiechała się, mówiąc:
– Przepraszam, Hyong-chol.

Gdy mama wysiadała na stacji Jeongeup, był już środek nocy. Pierwszy autobus do miasta odjeżdżał dopiero po szóstej rano. Nie czekała, lecz szła po ciemku do domu.

– Szkoda, że nie mamy więcej ulotek, żeby tu powiesić – powiedział.
– Wrócę jutro i to zrobię.

Jutro musi przewieźć pomocników dyrektora do pokazowego domu w Hongchon. Nie mógł sobie pozwolić, aby się tłumaczyć.
– Czy ma to zrobić moja żona?
– Niech odpoczywa. Opiekuje się ojcem.
– Możesz też zadzwonić po młodszego brata.
– Nie trzeba. On mi pomoże.
– On?
– Mój chłopak. Mamy zamiar się pobrać, jak tylko odnajdziemy mamę. Zawsze chciała, żebym wyszła za mąż.
– Jeśli jest ci tak łatwo się zdecydować, to już powinnaś była to zrobić.
– Po tym, jak mama zaginęła, zdałam sobie sprawę, że nie ma odpowiedzi na wszystko. Mogłam zrobić to, czego chciała ode mnie. To nie było ważne. Nie wiem, dlaczego zawsze

buntowałam się z powodu takich rzeczy. I nie zamierzam już latać samolotem.

Czując smutek, poklepał siostrę po ramieniu. Mama nie lubiła, gdy jego siostra latała samolotem za granicę. Uważała, że nagła śmierć dwustu osób to coś niespotykanie przerażającego. Nie mamy wpływu na zbrodnie popełniane w czasie wojny, ale co innego podczas pokoju. Nie można poświęcić życia losowi, tak jakby cię ono nie obchodziło ani trochę. Gdy mama wtrącała się coraz bardziej do jej podróży samolotem, latała w tajemnicy. Bez względu na cel podróży – służbowy czy prywatny – ukrywała każdy lot.

– Róże w tym domu były tak piękne... – powiedziała jego siostra.

Popatrzył na nią w ciemności. Pomyślał o kwiatach. Pierwszej wiosny po kupnie domu mama zasugerowała mu, żeby kupił róże. Róże? Kiedy usłyszał, jak wypowiada to słowo, musiał zapytać:

– Masz na myśli róże?

– Czerwone róże. Czy nie ma tu miejsca, w którym je sprzedają?

– Tak, jest.

Zabrał mamę do sklepu, w którym sprzedawali kwiaty. Powiedziała: „Myślę, że to najpiękniejszy kwiat". Kupiła wtedy więcej krzewów róży, niż się spodziewał, wykopała doły wzdłuż płotu i zasadziła je. Nigdy nie widział mamy sadzącej coś, na co można było patrzeć, a nie jeść czy zbierać plony. Przyglądając się tej nieznanej scenie, zapytał, czy nie sadzi róż zbyt blisko płotu, ale mama powiedziała, że to po to, by inni też mogli się cieszyć ich widokiem. Dopóki nie wyprowadzili się z domu, róże zakwitały w pełni każdej wiosny. Ludzie przechodzący wtedy na zewnątrz zatrzymywali się i wąchali róże, tak jak mama się tego spodziewała. Po deszczu czerwone płatki róż były wszędzie porozrzucane.

W barze w dzielnicy Yokchon jego siostra, która wypiła dwa piwa, zamiast zjeść obiad, wyjęła z torebki notes, otworzyła go i pchnęła w jego kierunku. Jej twarz była czerwona od alkoholu wypitego na pusty żołądek. Przesunął notes w kierunku światła i zaczął czytać zdania.
Chcę czytać dzieciom, które nie widzą.
Chcę uczyć się chińskiego.
Chcę mieć własny, mały teatr, jeśli zarobię dużo pieniędzy.
Chcę jechać na biegun południowy.
Chcę iść na pielgrzymkę do Santiago.
Poniżej znajdowało się ponad trzydzieści zdań zaczynających się od „chcę".
– Co to jest?
– W ostatni Nowy Rok spisałam to, co bym chciała zrobić w życiu, innego niż pisanie. Po prostu dla zabawy. To, co chcę zrobić w ciągu najbliższych dziesięciu lat. Ale nie zaplanowałam niczego, co chcę zrobić z mamą. Nie wiedziałam tego, kiedy to pisałam. Ale teraz, gdy patrzę na to po tym, jak mama zaginęła...
Oczy siostry wypełniły się łzami.

Pijany wysiadł z windy i nacisnął dzwonek do drzwi, ale nikt nie odpowiedział. Chwiejąc się, wyjął z kieszeni klucze i otworzył drzwi. Po tym, jak rozstał się ze swoją siostrą, udał się do dwóch barów. Za każdym razem, kiedy widział obraz kobiety ubranej w niebieskie plastikowe sandały, kobiety, która mogła być jego mamą, kobiety, która spacerowała tak długo, aż sandały wbijające się w jej stopę były praktycznie niewidoczne, która tańczyła w jego oczach, pił kolejnego drinka. Światło świeciło się w cichym salonie. Figurka Matki Boskiej przywieziona przez mamę obserwowała go. Potykając się, udał się do swojej sypialni, ale zatrzymał się, aby cicho otworzyć drzwi do pokoju córki. Spał w nim ojciec. Zobaczył, jak śpi na boku, na macie leżącej na podłodze obok łóżka córki. Wszedł do środka, przykrył ojca kocem i wyszedł z powrotem, delikatnie zamykając drzwi. W kuchni nalał sobie szklankę wody. Kiedy pił, zaczął się rozglądać. Nic się nie zmieniło. Szum lodówki był taki sam. Umywalka była pełna garnków pozostawionych przez żonę, która zawsze zwlekała z ich myciem. Opuścił głowę, a następnie wszedł do pokoju i spojrzał na śpiącą żonę. Na jej szyi świecił naszyjnik. Odsunął koc i go rozpiął. Usiadła, przecierając oczy.

– Kiedy wróciłeś do domu?

Po zaginięciu mamy zaczął oskarżać każdego. Jeszcze bardziej się gniewał, kiedy wracał do domu. Kiedy jego brat dzwonił, aby dowiedzieć się, jak idą poszukiwania, odpowiadał na kilka pytań, ale potem wybuchał: „Nie masz nic więcej do powiedzenia? Co ty, do cholery, robisz?". Kiedy ojciec oznajmił, że chce wrócić do domu, ponieważ nie ma nic do roboty w Seulu, krzyknął:

– A co zamierzasz robić na wsi?

Rano wychodził, nie patrząc nawet na śniadanie, które żona przygotowała.

– Piłeś?

Żona wyrwała mu koc i go wyprostowała.

– Jak możesz spać?

Jego żona wygładziła nocną koszulę.
- Powiedziałem, jak możesz spać!
- A co mam zrobić?! - wykrzyknęła.
- To twoja wina!
Nawet on wiedział, że to przesada.
- Dlaczego to moja wina?
- Ty powinnaś jechać po nich!
- Mówiłam ci, że chcę zawieźć jedzenie do China.
- Dlaczego akurat tego właśnie dnia chciałaś tam jechać?! Dlaczego to zrobiłaś, skoro wiedziałaś, że moi rodzice przyjeżdżają ze wsi, by świętować swoje urodziny?!
- Ojciec powiedział, że trafi! I nie jesteśmy jego jedyną rodziną w mieście. Chciał odwiedzić twojego brata jeszcze tego samego dnia. Twoje siostry też są tutaj. Twoi rodzice nie muszą zawsze zostawać w naszym domu i nie ma zasady, że to ja muszę po nich wychodzić! Nie byłam u China przez ostatnie dwa tygodnie, nie miał nic do jedzenia. Musiałam go zobaczyć. Też jestem zmęczona, muszę dbać o wszystko i o China. On się przygotowuje do egzaminu... Czy ty w ogóle wiesz, jak ważny jest dla niego ten test?
- Jak długo zamierzasz nosić jedzenie dorosłemu chłopakowi, który nawet nie przyszedł, kiedy jego babcia zaginęła?
- A co by zrobił, gdyby przyszedł? Powiedziałam mu, żeby nie przychodził. Szukaliśmy wszędzie. Co możemy zrobić, kiedy nawet policja nie potrafi jej znaleźć? Mamy chodzić od drzwi do drzwi, dzwonić i pytać, czy nasza mama tam jest, co? Co może zrobić Chin, kiedy my dorośli jesteśmy bezradni? Student musi się uczyć. Czy wszyscy mamy przestać robić to, co robimy, bo mamy nie ma?
- Ona zaginęła, a nie „jej nie ma".

– Więc co chcesz ode mnie? Sam powinieneś iść do pracy!
– Co? – wściekły, złapał kij golfowy w rogu pokoju i chciał nim rzucić.
– Hyong-chol!
Ojciec stał w otwartych drzwiach, wyrwany ze snu. Hyong--chol odłożył kij golfowy. Ojciec, który patrzył na kłócące się małżeństwo, odwrócił się. Ojciec przybył do Seulu na swoje urodziny, aby było łatwiej całej rodzinie. Jeśli obchodziliby urodziny zgodnie z planem, mama powiedziałaby: „to też są i moje urodziny". Siedzieliby przy stole w tradycyjnej koreańskiej restauracji, gdzie jego żona zrobiła rezerwację. Ale mama zaginęła, urodziny ojca nie miały żadnej uroczystej formy, a ciotka złożyła dary przodkom kilka dni później.
Poszedł za ojcem, który wrócił do sypialni wnuczki.
– To wszystko moja wina.
Hyong-chol milczał.
– Nie kłóć się z żoną. Wiem, co czujesz, ale kłótnie nie pomogą. Twoja mama spotkała mnie i miała ciężkie życie ze mną, ale ona jest miłą osobą, więc jestem pewien, że żyje. A jeśli żyje, to ją znajdziemy.
Hyong-chol milczał.
– Chcę wrócić do domu.
Ojciec popatrzył na niego przez chwilę, a potem wszedł do pokoju. Patrząc na zamknięte drzwi, Hyong-chol zagryzł wargi. Ciepło oblało jego klatkę piersiową. Potarł ją rękami. Chciał również potrzeć twarz, to jego nawyk, ale powstrzymał się. Poczuł delikatne, choć szorstkie ręce mamy. Mama nienawidziła, gdy zacierał ręce. Jeśli robił to przy niej, od razu prostowała mu ręce i ramiona. Gdy chował głowę, uderzała go w plecy, mówiąc, że człowiek musi mieć godność. Nigdy nie został

prokuratorem. Mama zawsze nazywała to jego marzeniem, ale było to również jej marzenie. Młodzieńcze pragnienie, którego nie zrealizował. Nigdy nie przyszło mu do głowy, że w ten sposób pogrzebał jej nadzieję. Uświadomił sobie, że mama żyła, cały czas wierząc, że to ona zabrała mu te marzenia. *Przykro mi, mamo, że nie dotrzymałem obietnicy.* Jego serce zapragnęło opiekować się mamą, gdy ją odnajdą. Ale wiedział, że stracił już taką możliwość.

Ukląkł na podłodze salonu.

Jestem w domu

Młoda kobieta stała przed zamkniętą niebieską bramą i zerkała do środka.

– Kim jesteś?

Usłyszała chrząknięcie za swoimi plecami i odwróciła się. Miała gładkie czoło i starannie związane włosy, a jej oczy błyszczały z zachwytu.

– Witam! – zawołała.

Spojrzałeś na nią. Uśmiechała się.

– Czy to dom cioci Park So-nyo?

Na tabliczce na drzwiach od dawna opuszczonego domu widniało jedynie twoje imię i nazwisko. *Park So-nyo*. Już dawno nie słyszałeś, jak ktoś zwraca się do twojej żony „ciociu". Zawsze wołano na nią „babcia".

– W czym mogę pomóc?

– Czy jest w domu?

Milczałeś.

– Czy naprawdę zaginęła?

Spoglądałeś na młodą kobietę.

– Kim pani jest?

– Och, nazywam się Hong Tae-hee. Przyjechałam z Domu Nadziei w Namsan-dong.

– Hong Tae-hee? Dom Nadziei?

– To dom dziecka. Martwiłam się, bo dawno nas nie odwiedzała. Natknęłam się na to ogłoszenie.

Kobieta pokazała ci ogłoszenie z gazety, które zamieścił tam twój syn.

– Przychodziłam tu kilka razy, zastanawiając się, co się stało, ale brama zawsze była zamknięta. Myślałam, że dzisiaj też nikogo nie zastanę... Po prostu chciałam wiedzieć, co się stało. Zamierzałam poczytać jej książkę...

Podniosłeś kamień blokujący bramę, wyjąłeś z ukrycia klucz i otworzyłeś wejście do długo niezamieszkałego domu, zajrzałeś do środka z nadzieją, że kogoś zobaczysz. Ale wewnątrz panowała cisza.

Wpuściłeś Hong Tae-hee. Miała czytać książki? Twojej żonie? Nigdy nie słyszałeś, żeby żona wspominała o Domu Nadziei czy o Hong Tae-hee. Kobieta zaczęła wołać twoją żonę, gdy tylko przeszła przez bramę. Jakby nie mogła uwierzyć, że naprawdę jej nie ma. Gdy nie było odpowiedzi, Tae-hee zaniepokoiła się.

– Wyprowadziła się?
– Nie, zaginęła.
– Co?
– Zaginęła w Seulu.
– Naprawdę?

Tae-hee spojrzała na ciebie z niedowierzaniem. Powiedziała, że przez ponad dziesięć lat twoja żona przychodziła do Domu Nadziei, kąpała dzieci, robiła pranie i rozwieszała je w ogrodzie.

Twoja żona?

Dodała, że to bardzo szanowana kobieta. Co miesiąc ofiarowała czterysta pięćdziesiąt tysięcy wonów na Dom Nadziei.

Czterysta pięćdziesiąt tysięcy wonów każdego miesiąca?

Co miesiąc wasze dzieci z Seulu składały między sobą kwotę sześciuset tysięcy wonów i wysyłały na wieś, sądząc, że taka suma pozwoli wam przetrwać. Nie była to mała kwota. Początkowo żona dzieliła się pieniędzmi z tobą, ale w pewnym momencie powiedziała, że chce dysponować całą sumą. Zastanawiałeś się, po co potrzebuje tyle pieniędzy, ale ona poprosiła, żebyś nie zadawał pytań. Twierdziła, że ma prawo do korzystania z tych pieniędzy, ponieważ to ona wychowała dzieci. Wyglądało na to, że była to przemyślana decyzja. W przeciwnym razie nie powiedziałaby tego. To nie było w jej stylu. Brzmiała jak postać z serialu telewizyjnego. Podejrzewałeś, że musiała ćwiczyć to zdanie na głos przez wiele dni.

Kiedyś w maju w Dniu Rodziców nie zadzwoniło żadne z waszych dzieci. Twoja żona wyszła do sklepu i kupiła dwa bukiety goździków. Każdy był związany wstążką z napisem *Dziękuję za danie mi życia i wychowanie mnie*. Potem odnalazła cię, gdy stałeś przy drodze, i popędziła do domu. „A jeśli ktoś nas zobaczy". Ruszyłeś za nią. Przekonała cię, żebyś wszedł do środka i zamknął drzwi na klucz. Do klapy twojej kurtki przypięła goździka. „Co ludzie sobie pomyślą, jeżeli będziemy paradować bez kwiatka w takim dniu. Wszyscy wiedzą, że mamy dzieci". Twoja żona przypięła kwiatek również do swojego stroju. Jednak jej kwiatek ciągle odpadał, więc musiała go odpiąć i przypiąć na nowo. Jak tylko wyszedłeś z domu, odpiąłeś swojego goździka, ale twoja żona chodziła cały dzień z kwiatkiem przypiętym na piersi. Następnego dnia zachorowała. Leżała w łóżku przez kilka dni. W nocy przewracała się niespokojnie z boku na bok. Nagle w nocy usiadła na łóżku i poprosiła cię o przepisanie trzech *majigi* ziemi na jej nazwisko. Kiedy zapytałeś ją o powód, powiedziała, że jej życie straciło sens. Po opuszczeniu domu przez dzieci poczuła się bezużyteczna. Wyjaśniłeś, że cała ziemia należy do was obojga. Gdybyś przepisał tylko trzy *majigi* na nazwisko Park So-nyo, straciłaby resztę. Była rozczarowana takim wyjaśnieniem, ale przyznała ci rację.

Jednak ze stanowczością domagała się wszystkich pieniędzy od dzieci. Wolałeś nie sprzeciwiać się jej woli. Obawiałeś się wielkiej kłótni. Zgodziłeś się pod jednym warunkiem.

Mogła korzystać z całej sumy przysłanej przez dzieci, ale zastrzegłeś sobie, że więcej jej już nie dasz. Zgodziła się. Nie kupowała ubrań ani nie robiła z pieniędzmi nic szczególnego, ale kiedy zerknąłeś na wyciąg z konta, zauważyłeś, że każdego miesiąca podejmowała czterysta pięćdziesiąt tysięcy wonów. Jeśli pieniądze się spóźniały, dzwoniła do córki odpowiedzialnej za ich zebranie i przypominała jej o przelewie. To także nie było w stylu twojej żony. Nigdy nie pytałeś jej, co z nimi robi, bo obiecałeś, że nie będziesz się wtrącać. Pomyślałeś, że co miesiąc wypłaca je, aby umieścić na rachunku oszczędnościowym, i w ten sposób ma jakiś cel w swoim życiu. Pewnego razu nawet szukałeś książeczki oszczędnościowej, ale nigdy takiej nie znalazłeś. Jeśli Hong Tae-hee mówiła prawdę, twoja żona przekazywała comiesięczną darowiznę w wysokości czterystu pięćdziesięciu tysięcy wonów na Dom Nadziei w Namsan--dong. Poczułeś się zdradzony przez żonę.

Hong Tae-hee powiedziała, że dzieci czekają na twoją żonę. Że nie mogą się doczekać spotkania z nią. Opowiedziała ci o chłopcu o imieniu Kyun. Twoja żona matkowała mu. Stał się bardzo smutny, gdy nagle przestała przychodzić do domu dziecka. Nie miał jeszcze sześciu miesięcy, kiedy rodzice oddali go do sierocińca. To twoja żona nadała mu imię Kyun.

– Czy pani powiedziała: Kyun?
– Tak, Kyun.

Dowiedziałeś się od kobiety, że Kyun ma w przyszłym roku iść do szkoły średniej. Żona obiecała kupić mu plecak na książki i mundurek. Kyun. Zrobiło ci się zimno w okolicy serca. Słuchałeś spokojnie opowieści Hong Tae-hee. Nie mogłeś uwierzyć, że nie wiedziałeś, co twoja żona robi od dziesięciu lat. Zastanowiłeś się, czy Hong Tae-hee na pewno ma na myśli tę samą kobietę. Kiedy zaczęła chodzić do Domu Nadziei? Dlaczego nic nie powiedziała? Popatrzyłeś na zdjęcie żony na ogłoszeniu w gazecie, którą Hong Tae-hee przyniosła, i poszedłeś do pokoju. Wyjąłeś album fotograficzny schowany głęboko w szufladzie i oderwałeś jej zdjęcie. Na fotografii córka i żona stały przy molo na plaży. Ściskały kurczowo ubranie, które kołysał wiatr. Podałeś zdjęcie Tae-hee.

– Czy to ta sama osoba?

– O, to ciocia! – Tae-hee zawołała radośnie, jak gdyby twoja żona stała przed nią. Miałeś wrażenie, że marszcząca brwi żona patrzy prosto na ciebie ze zdjęcia.

– Powiedziała pani, że miała jej coś przeczytać. Co to było?

– Wykonywała ciężką pracę w Domu Nadziei. Szczególną radość sprawiała jej kąpiel dzieci. Po jej odwiedzinach cały sierociniec lśnił czystością. Zapytałam więc, jak mogę jej podziękować. Odpowiedziała, że nie potrzebuje naszej wdzięczności. Ale pewnego dnia przyniosła książkę i poprosiła mnie, abym jej czytała przez godzinę podczas jej pobytu w sierocińcu. Była to jej ulubiona powieść, ale miała słaby wzrok i nie mogła jej sama czytać.

Milczałeś.

– To ta książka.

Spojrzałeś na książkę, którą Hong Tae-hee wyjęła z torebki. Powieść twojej córki.

– Autorka pochodzi z tej wioski. Słyszałam, że chodziła tutaj do szkoły podstawowej i średniej. Myślę, że dlatego lubiła tę pisarkę. Ostatnia książka, którą jej czytałam, też była tej samej autorki.

Wziąłeś do ręki książkę córki. *Udoskonalić miłość*. A więc żona chciała czytać powieści córki. Sama nigdy nie powiedziała ci o tym. Nie pomyślałeś nawet, żeby przeczytać jej książkę napisaną przez córkę. Czy ktoś inny w rodzinie wiedział, że nie potrafiła czytać? Kiedy zorientowała się, że wiesz o tym, zabolało ją to i poczuła się urażona. Uważała, że poniżałeś ją za analfabetyzm. Odszedłeś od niej, gdy byłeś młodszy. Krzyczałeś na nią i miałeś ją za nic. Im bardziej zaprzeczałeś, tym bardziej wierzyła, że ma rację. Nie wiedziałeś, że ktoś obcy czytał jej powieści waszej córki. Jak ona musiała się bardzo starać, aby ukryć analfabetyzm przed tą młodą kobietą. Tak bardzo chciała poznać twórczość córki, ale nie miała odwagi się przyznać, że autorka jest jej dzieckiem. Wolała udawać, że ma słaby wzrok, i poprosiła Tae-hee o czytanie książek na głos. Dotknęło cię to do żywego. Jak żona mogła nie pochwalić się tej młodej kobiecie, że to jej córka?

– Taki ze mnie zły człowiek...
– Słucham? – Hong Tae-hee spojrzała na ciebie, a jej oczy zaokrągliły się ze zdziwienia.

Jeśli chciała tak bardzo czytać, powinna była mnie o to poprosić. Rękoma potarłeś suchą, szorstką twarz. Gdyby żona poprosiłaby cię, zrobiłbyś to dla niej? Zanim zaginęła, wcale nie myślałeś o niej. Przypominałeś sobie o niej dopiero wtedy, gdy czegoś potrzebowałeś lub miałeś ochotę obwinić ją o coś. Przeraziłeś się swoimi nawykami. Byłeś uprzejmy dla innych ludzi, ale stawałeś się opryskliwy wobec własnej żony. Niekiedy nawet przeklinałeś. Postępowałeś tak, jakby istniał przepis nakazujący złe traktowanie żony. Tak właśnie robiłeś.

– Jestem w domu! – wymamrotałeś do pustego pomieszczenia po wyjściu Hong Tae-hee.

Gdy byłeś młody, nawet po ślubie i narodzinach dzieci, pragnąłeś jedynie opuścić dom. Świadomość, że spędzisz całe swoje życie w domu na dalekiej koreańskiej prowincji, przerażała cię. Następnie wyszedłeś bez słowa i błąkałeś się po kraju. A gdy nadchodził czas obrzędów ku czci przodków, przybywałeś jak na zawołanie. Potem znowu wyjeżdżałeś. Ale wracałeś, kiedy zaczynałeś niedomagać. Pewnego dnia, gdy wyzdrowiałeś po długiej chorobie, nauczyłeś się jeździć motocyklem. Tym razem opuściłeś dom z kobietą siedzącą za tobą na siedzeniu, która nie była twoją żoną. Były i takie momenty, kiedy myślałeś, że nigdy już nie wrócisz. Chciałeś rozpocząć nowe życie i zapomnieć o swoim domu. Zacząć wszystko od nowa. Nie mogłeś jednak wytrwać z dala od rodziny dłużej niż trzy kwartały. Kiedy spowszedniało ci życie poza domem, patrzyłeś ze zdumieniem na to, co wypielęgnowała twoja żona. Szczenięta, kurczaki, ziemniaki... i twoje dzieci.

Zanim na stacji metra Seul straciłeś żonę z pola widzenia, była tylko matką twoich dzieci. Trwała przy tobie jak nieruchome drzewo, które cię nie opuści, chyba że zostanie ścięte lub wyrwane. Po jej zaginięciu dotarło wreszcie do ciebie, że utraciłeś własną żonę, o której zapomniałeś jakieś pięćdziesiąt lat temu. Dopiero po jej zniknięciu pojawiła się w twojej świadomości jakby na wyciągnięcie ręki.

Teraz zdałeś sobie sprawę, w jakim była stanie przez ostatnie lata. Oszołomiona, nie pamiętała najprostszych rzeczy. Czasem siedziała przy głównej ulicy miasta, nie mogąc przypomnieć sobie drogi. Powrót do domu sprawiał jej duży kłopot. Potrafiła przyglądać się garnkom lub słoikom, których używała przez pięćdziesiąt lat, zastanawiając się, do czego służą. Przestała dbać o dom i gospodarstwo. Niesprzątnięte kosmetyki walały się we wszystkich pomieszczeniach. Niekiedy nie rozumiała przebiegu akcji serialu telewizyjnego emitowanego codziennie. Zapomniała tekstu piosenki nuconej przez lata. Jej słowa zaczynały się: „Jeśli pytasz mnie, czym jest miłość…". Czasem nie rozpoznawała nawet ciebie. Może nawet nie wiedziała, kim jest.

Ale nie zawsze tak było.

Twoja żona czasem przypominała sobie drobne szczegóły. Pewnego dnia wspomniała, jak kiedyś przed opuszczeniem domu owinąłeś w gazetę trochę pieniędzy i zawiniątko wetknąłeś we framugę drzwi. Powiedziała ci, że mimo wszystko była wdzięczna za pozostawienie pieniędzy. Gdyby ich nie znalazła, nie przetrwałaby ciężkich czasów. Innym razem przypomniała ci, że potrzebujecie nowego zdjęcia rodzinnego, ponieważ najmłodsza córka urodziła dziecko.

Dopiero teraz z bólem zdałeś sobie sprawę, jak bardzo pozostawałeś ślepy na chaos, jaki panował w jej głowie.

Gdy twoja żona z bólu głowy traciła przytomność, byłeś przekonany, że śpi. Denerwowałeś się, gdy zasypiała w różnych miejscach domu z chustą owiniętą wokół głowy. Strofowałeś ją, gdy miała problemy z otwarciem drzwi. Nie mogłeś zrozumieć, co stało się z jej poczuciem czasu. Bywało i tak, że wlewała pomyje do pustego koryta świni, siadała obok niego i wołała imię prosiaka hodowanego w czasach młodości, a potem mówiła do zwierzęcia: „Byłoby cudownie, gdybyś miała trzy małe w miocie, a nie jedno". Myślałeś wtedy, że żartuje. Dawno temu ta świnia miała trzy prosięta w jednym miocie. Twoja żona sprzedała je, aby kupić Hyong-cholowi rower.

– Jesteś tu? Jestem w domu! – zawołałeś w kierunku pustych pokoi i zatrzymałeś się, nasłuchując.

Oczekiwałeś głośnego powitania: „Jesteś w domu?", ale wokół panowała cisza. Zawsze, gdy wracałeś i wołałeś: „Jestem w domu!", twoja żona wybiegała na powitanie.

Jednak nigdy nie przestawała ci dokuczać.

– Dlaczego nie rzucisz picia? Możesz żyć beze mnie, ale nie możesz żyć bez alkoholu. Dzieci martwią się o ciebie, że nie potrafisz zerwać z nałogiem!

Krzyczała ciągle na ciebie, nawet kiedy się tobą opiekowała, podając ci szklankę herbaty parzonej z japońskimi rodzynkami.

– Jeśli wrócisz do domu pijany jeszcze raz, odejdę od ciebie. Czy doktor nie powiedział ci w szpitalu, że alkohol szkodzi zdrowiu? Jeśli nie chcesz widzieć więcej tego świata, pij dalej!

Twoja żona była zrozpaczona, gdy wychodziłeś do miasta zjeść i wypić kilka kieliszków z kolegami. Cierpiała, jak gdyby cały świat wywrócił się do góry nogami. Nie sądziłeś, że pewnego dnia zatęsknisz za jej krzykiem, który kiedyś wpadał ci jednym uchem, a wypadał drugim.

A teraz nie słyszałeś nic. Jeśli nawet wysiadłeś z pociągu i poszedłeś do pobliskiego baru na jednego, to po to, aby usłyszeć jej krzyk po powrocie do domu.

Spojrzałeś na budę obok bramy. Pies zrobiłby jakiś hałas, ale było zupełnie cicho. Nie zauważyłeś łańcucha. Pewnie twoja siostra zabrała go do siebie zmęczona ciągłym przychodzeniem, żeby go karmić. Nie zamknąłeś bramy. Zostawiłeś ją szeroko otwartą, wyszedłeś na podwórko i usiadłeś na ganku. Gdy twoja żona jeździła sama do Seulu, często tu siadywałeś i rozmyślałeś w samotności. Wkrótce dzwoniła, aby zapytać: „Czy jadłeś?", a ty pytałeś: „Kiedy wracasz do domu?". Pytała: „A co, tęsknisz za mną?". Odpowiadałeś: „Nie. Nie martw się o mnie, po prostu zostań tak długo, jak chcesz". Bez względu na to, co powiedziałeś, i tak szybko wracała, niezależnie od przyczyny, która wcześniej zmusiła ją do podróży. Kiedy karciłeś ją za to, mówiąc: „Dlaczego tak szybko wróciłaś? Prosiłem, żebyś została tak długo, jak chcesz!", ona odpowiadała: „Czy myślisz, że wróciłam do ciebie? Przyjechałam, aby nakarmić psa".

Do domu wracałeś z powodu rodziny i gospodarstwa. Oznaczało to, że rezygnujesz z tego, co mogłeś mieć gdzie indziej. Kiedy przechodziłeś przez bramę, twoja żona kopała grządkę ze słodkimi ziemniakami, ubijała drożdże w brudnej chuście owiniętej wokół szyi albo czuwała nad uczącym się przy biurku Hyong-cholem. Twoja siostra mawiała, że ciągnie cię do wędrówek, bo w młodości uciekałeś przed wojskiem i spędziłeś wiele nocy w kryjówkach poza domem. Gdy zgłosiłeś się w końcu na policję zmęczony ciągłym ukrywaniem, twój wuj inspektor, starszy od ciebie o pięć lat, odesłał cię do domu, mówiąc: „Najstarszy syn musi przeżyć". Musiałeś przetrwać, aby utrzymać grób rodzinny i nadzorować obrzędy ku czci przodków. Jednak to nie ty, ale twoja żona zajmowała się grobem rodzinnym i każdego roku przygotowywała obrzędy ku czci przodków. Czy to dlatego stałeś się włóczęgą? Musiałeś opuścić dom i spać na dworze cały pokryty rosą. Gdy spałeś w środku, ogarniał cię lęk, że ktoś przejdzie przez bramę, by cię porwać. Raz nawet wybiegłeś na podwórze w środku nocy, myśląc, że ktoś cię goni.

Pewnej zimowej nocy wróciłeś do domu i zauważyłeś, że twoje dzieci urosły. Wszystkie spały w jednym pokoju przytulone do siebie z zimna. Twoja żona postawiła przed tobą małą tacę przykrytą ściereczką. Za oknem padał śnieg. Usmażyła na piecu wodorosty. Orzechowy zapach oleju *perilla* obudził dzieci, które zebrały się wokół ciebie. Owijałeś porcję ryżu wodorostami i wkładałeś ją w usta każdego dziecka – najstarszemu synowi, potem drugiemu i najstarszej córce. Zanim nakarmiłeś młodsze dzieci, Hyong-chol już czekał na dokładkę. Dzieci pochłaniały jedzenie tak szybko, że nie nadążałeś z przygotowaniem kolejnych porcji. Byłeś zdumiony ich apetytem. Zastanawiałeś się, co z nimi będzie. To wtedy zdecydowałeś, że musisz zapomnieć o świecie poza waszym domem. Postanowiłeś, że już nigdy nie opuścisz rodziny.

– Jestem w domu!

Otworzyłeś drzwi sypialni. Pokój był pusty. Kilka ręczników było starannie ułożonych w kącie pokoju. Twoja żona zostawiła je tam przed wyjazdem do Seulu. Woda, którą popiłeś rano tabletki, wyschła w szklance stojącej na podłodze. Zegar na ścianie wskazywał godzinę trzecią. Cień bambusów wpadał do środka przez drzwi pokoju, którego okna wychodziły na podwórze.

– Powiedziałem, że jestem w domu – zamruczałeś w pustym pokoju.

O czym myślałeś? Gdy wybiegałeś z mieszkania syna, który stanowczo nie zgadzał się na twój powrót, i gdy wsiadałeś do porannego pociągu, miałeś nadzieję, że kiedy wejdziesz do domu i zawołasz: „Jesteś tu? Jestem w domu!", twoja żona powita cię jak dawniej słowami: „O, jesteś w domu!". Liczyłeś, że może sprząta pokój, kroi warzywa albo myje ryż w kuchni. Sądziłeś, że tak właśnie będzie. Ale dom był pusty. Wyglądał, jakby był zupełnie opuszczony.

Wstałeś i otworzyłeś wszystkie drzwi w pustym domu. „Jesteś tutaj?" pytałeś, stojąc przy wejściu. Otworzyłeś drzwi do swojej sypialni, salonu, kuchni i kotłowni. Po raz pierwszy w życiu rozpaczliwie szukałeś żony. Czy ona szukała tak samo ciebie za każdym razem, kiedy opuszczałeś dom? Zamrugałeś wyschniętymi oczyma i otworzyłeś okno w kuchni. Patrząc na szopę, szepnąłeś: „Jesteś tam?". Drewniana ławka była pusta.

Czasami stałeś w tym miejscu i obserwowałeś, jak żona pracowicie wykonuje przeróżne czynności w szopie. Spoglądała na ciebie i pytała: „Czegoś chcesz? Potrzebujesz czegoś?". Na pytanie, gdzie są twoje skarpetki, szybko zdejmowała gumowe rękawice, wchodziła do pokoju i przygotowywała ci ubranie.

Spojrzałeś na pustą szopę i zamruczałeś: „Hej... Jestem głodny. Chcę coś zjeść".

Kiedy mówiłeś, że chcesz jeść, żona bez wahania porzucała swoją pracę, podchodziła do ciebie i pytała: „Zebrałam aralie w górach. Może zjesz placki z aralią? Masz na nie ochotę?". Dlaczego nie doceniałeś wtedy, jak bardzo spokojne i szczęśliwe wiedziesz życie? Jak mogłeś tak naturalnie przyjmować wszystko, co ta kobieta dla ciebie robiła? Ty nigdy nie zrobiłeś jej nawet zupy z wodorostów. Pewnego dnia wróciła z miasta i powiedziała: „Wiesz, ten rzeźnik, którego lubisz... Mijałam dzisiaj jego sklep. Jego żona zawołała mnie, więc weszłam do środka. Poczęstowała mnie zupą z wodorostów, a ja zapytałam: Co to za okazja? Powiedziała mi, że mąż ugotował jej zupę na urodziny". Po prostu słuchałeś, a ona dodała: „Nie była szczególnie smaczna, ale po raz pierwszy zazdrościłam żonie rzeźnika". Zamrugałeś. *Gdzie jesteś...* Gdyby twoja żona wróciła, zrobiłbyś dla niej nie tylko zupę z wodorostów, ale także naleśniki. *Czy w ten sposób mnie karzesz?* Łzy napłynęły do twoich wyschłych oczu.

Opuszczałeś dom, kiedy tylko miałeś ochotę, i wracałeś, kiedy chciałeś, ale nigdy nie pomyślałeś, że to ona pierwsza opuści go na zawsze.

Dopiero po jej zaginięciu przypomniałeś sobie wasze pierwsze spotkanie. O waszym ślubie postanowiono, zanim się jeszcze poznaliście. Wojna zakończyła się w Panmunjom zawarciem rozejmu pomiędzy dowódcami sił ONZ i przywódcą komunistycznej Korei, ale świat był bardziej niespokojny niż podczas wojny. W tym czasie głodni północnokoreańscy żołnierze wychodzili w nocy z górskich kryjówek i plądrowali wioski. Kiedy zapadał zmierzch, każdy, kto miał miał córkę, musiał ją ukrywać. Po wsiach krążyła pogłoska, że żołnierze z gór porywają młode kobiety. Niektórzy kopali doły w pobliżu torów kolejowych i w nich chowali swoje córki. Inni spędzali noce stłoczeni razem w jednym domu. Jeszcze inni szybko wydawali córki za mąż. Twoja żona mieszkała w Chinmoe od urodzenia aż do dnia ślubu. Miałeś dwadzieścia lat, kiedy siostra powiedziała ci, że masz poślubić młodą kobietę z Chinmoe. Dowiedziałeś się, że jej horoskop idealnie pasuje do twojego. Chinmoe było górską wioską położoną w odległości dziesięciu *ri* od twojej wsi. W tamtych czasach ludzie pobierali się bez wcześniejszej znajomości. Ustalono, że uroczystość zaślubin odbędzie się w październiku, zaraz po zbiorach ryżu, w domu panny młodej. Rodzina i przyjaciele żartowali z twojego przyszłego szczęścia. Tobie było to obojętne. Siostra zajęła się przygotowaniami, więc wszyscy myśleli, że śpieszno ci do ślubu. Coś w tym było. Ale nagle przyszło ci do głowy, że nie możesz związać się z kobietą, której nigdy wcześniej nie widziałeś na oczy.

Nigdy nie chciałeś spędzić całego życia na wsi. Nawet gdy brakowało rąk do pracy w polu i do pomocy zmuszano dzieci, ty włóczyłeś się z kolegami. Miałeś plan z przyjaciółmi, aby założyć browar w innym mieście. Byłeś zaabsorbowany zarabianiem pieniędzy, aby spełnić swoje marzenie, a nie małżeństwem. Więc jak to się stało, że jednak udałeś się do Chinmoe?

Dom panny młodej otoczony był gąszczem bambusów. Twoja narzeczona ubrana w bawełnianą bluzkę siedziała na ganku i wyszywała feniksa na tamborku. Promienie światła padały na dach domu i podwórko, a mimo to twarz dziewczyny wydawała się ponura i ciemna. Od czasu do czasu spoglądała w niebo. Obserwowała lot dzikich gęsi, dopóki te nie zniknęły za horyzontem. Potem wstała i wyszła przez bramę. Poszedłeś za nią na pole. Twoja przyszła teściowa pracowała właśnie przy zbiorze bawełny. Młoda kobieta zawołała z daleka: „Mamo!". A teściowa odpowiedziała: „Co?", i nie spoglądając na córkę, nadal zajmowała się pracą. Wokół was tańczyły na wietrze kłębuszki białej bawełny. Dziewczyna ponownie zawołała mamę. A tamta znowu odpowiedziała „Co?!". I dalej pracowała.

– Czy naprawdę muszę wyjść za mąż?

Wstrzymałeś oddech.

– Co?

– Nie mogę mieszkać z tobą?

Kwiaty bawełny zawirowały na wietrze.

– Nie.

– Dlaczego nie? – Młoda kobieta miała łzy w oczach.

– Czy chcesz, żeby porwali cię mężczyźni z gór?

Twoja narzeczona milczała przez chwilę, aż w końcu rozpłakała się. Już nie wyglądała na wstydliwą, nieśmiałą dziewczynę, która haftowała na werandzie. Płakała tak mocno, że zrobiło ci się jej żal i sam ledwo powstrzymałeś łzy. Wtedy twoja przyszła teściowa podeszła do niej.

– Posłuchaj, jest ci źle, ale to minie. Jesteś jeszcze młoda i nic nie rozumiesz. Gdyby nie wojna, zatrzymałabym cię przy sobie jeszcze przez kilka lat. Ale co możemy zrobić, gdy świat jest taki okrutny? Małżeństwo to nic złego. To coś, czego nie możesz uniknąć. Urodziłaś się głęboko w górach. Nie byłam w stanie posłać cię do szkoły, więc jeśli nie wyjdziesz za mąż, to co zrobisz? Czytając horoskop pana młodego, zobaczyłam, że będziecie bardzo szczęśliwi. Nie stracisz ani jednego dziecka, będziesz miała ich wiele. A gdy dorosną, osiągną sukces. Czego jeszcze chcesz? Przyszłaś na świat jako istota ludzka, musisz więc żyć szczęśliwie z mężczyzną, mieć dzieci, karmić je i wychowywać. Przestań płakać, zrobię dla ciebie piękny, bawełniany koc.

Młoda dziewczyna nadal głośno szlochała. Twoja przyszła teściowa czule klepała ją po plecach.

– Przestań, przestań płakać…

Ale twoja narzeczona nie mogła przestać i w końcu jej matka też wybuchła płaczem.

Gdybyś nie widział tych dwóch kobiet płaczących i obejmujących się na środku pola bawełny, być może opuściłbyś dom przed październikiem. Jednak kiedy pomyślałeś o tej młodej kobiecie, haftującej na werandzie domku, która zawołała na polu „Mamo!" i upadła, wybuchając płaczem, zrozumiałeś, że nie możesz odejść i zostawić jej na pastwę żołnierzy ukrywających się w okolicznych górach.

Po powrocie do pustego domu spałeś aż trzy dni. Nie mogłeś zasnąć w domu Hyong-chola; całe noce leżałeś z otwartymi oczami. Miałeś wyostrzony słuch. Robiłeś się czujny, gdy tylko ktoś wychodził do łazienki. Siadałeś z rodziną do posiłków, choć nie miałeś apetytu, a w swoim własnym domu nie jadłeś nic. Tylko spałeś jak zabity.

Myślałeś, że nie kochałeś żony, bo ożeniłeś się z nią ledwie po pierwszym spotkaniu – wyszywała wówczas feniksa na werandzie, a potem szlochała na polu bawełny. Ale za każdym razem, gdy opuszczałeś dom, po jakimś czasie pojawiała się w twoich myślach. Miała szczęśliwą rękę do zwierząt i roślin. Zanim przyprowadziłeś żonę, wszystkie psy w twoim domu zdychały przed powiciem szczeniąt. Czasem jakiś zjadł trutkę na szczury albo wpadał do wychodka. Pewnego razu pies dostał się pod podłogę. Gdy rozpalono ogień w piecu, poczułeś smród wydobywający się z rury doprowadzającej ogrzewanie podłogowe. Udało ci się otworzyć pokrywę i wyciągnąć martwe zwierzę. Twoja siostra twierdziła, że wasza rodzina nie powinna mieć psa, ale twoja żona przyniosła do domu szczeniaka od sąsiadów. Jedną ręką zakrywała mu oczy. Uważała, że psy są na tyle inteligentne, że mogą wrócić do matki, jeśli nie zakryje im się oczu. Twoja żona karmiła go, aż urósł i sam miał pięć czy sześć małych. Czasem na ganku kręciło się aż osiemnaścioro małych psiaków. Na wiosnę zaczęła hodować kury nioski. Doczekała się czterdziestu piskląt. Żadnego nie zabiła. Kilka kurcząt zostało zagryzionych przez drapieżniki, które zakradały się w nocy do domostw. A gdy zasiała w ogrodzie warzywnym nasiona, sadzonki natychmiast pokazały zielone liście. Wkrótce wykopała ziemniaki, marchew oraz pataty. Gdy posadziła sadzonki oberżyny, fioletowe bakłażany były gotowe do zbioru latem i jesienią. Wszystko, czego się dotknęła, rosło na potęgę. Twoja żona nie miała czasu zdjąć z głowy chusty przesiąkniętej potem. Wyrywała wszystkie chwasty, gdy tylko pojawiały się między rządkami warzyw. Siekała je z resztkami jedzenia ze stołu i wsypywała do miski szczeniąt. Łapała żaby, gotowała je, a następnie rozgniatała i karmiła nimi kury. Zbierała odchody kurcząt, które potem rozrzucała w ogrodzie. Wszystko, czego dotykały ręce twojej żony, stawało się płodne, kwitło, rosło i owocowało. Zadziwiała wszystkich do tego stopnia, że nawet twoja siostra, która nigdy się z nią nie zgadzała, dzwoniła do niej z prośbą o pomoc przy zasiewaniu pola.

Trzy dni po powrocie do domu obudziłeś się w środku nocy. Leżałeś nieruchomo, wpatrując się w sufit.

– Co to jest? – spojrzałeś na pudełko z symbolem *yin i yang* ustawione na szafie. Zaciekawiony szybko wstałeś z łóżka. Przypomniałeś sobie, jak pewnego dnia żona obudziła się o świcie. Krzątając się po pokoju, poprosiła cię o pomoc. Nie zareagowałeś, chociaż już nie spałeś, ponieważ nie chciało ci się ruszyć.

– Pewnie śpisz – usłyszałeś cichy głos żony. – Proszę, nie żyj dłużej ode mnie.

Nic nie powiedziałeś.

– Przygotowałam całun dla ciebie. Jest na szafie w pudełku z obrazkiem *yin i yang*. Mój też tam jest. Jeśli odejdę pierwsza, nie panikuj, weź go w pierwszej kolejności.

Wykosztowałam się trochę. Oba całuny są z najlepszych konopi. Powiedziano mi, że są tkane ręcznie. Będziesz zaskoczony, gdy je zobaczysz. Są piękne.

Twoja żona mruczała, jakby rzucała zaklęcia. Nie wiedziała, że ją słyszysz.

– Kiedy jakiś czas temu zmarła ciocia Tamyang, jej mąż był cały we łzach. Opowiadał, że przed śmiercią Tamyang kazała mu obiecać, że nie kupi jej drogiego całunu. Powiedziała mu, że uprasowała swój ślubny *hanbok*, i poprosiła, aby go na nią włożył, kiedy będzie ją wysyłał na tamten świat. Przeprosiła, że odchodzi pierwsza i że nie zdąży zobaczyć ślubu własnej córki. Przykazała mu, aby nie wydawał dużo pieniędzy na pogrzeb. Wujek Tamyang wspierał się na moim ramieniu, gdy to mówił. Tak bardzo płakał, że moje ubranie stało się całkiem mokre. Przyznał, że jego żona musiała przez niego ciężko pracować. Nie mógł pogodzić się z jej śmiercią. A kiedy ich sytuacja finansowa polepszyła się, wymusiła na nim obietnicę, że nie kupi jej drogiego stroju, nawet po śmierci. Ja tego nie chcę. Pragnę odejść, mając na sobie ładne ubranie. Czy chcesz je zobaczyć?

Kiedy nie poruszyłeś się w łóżku, żona głęboko westchnęła.

– Powinieneś odejść przede mną. Myślę, że tak byłoby lepiej. Mówią, że jest kolejność przychodzenia ludzi na świat, ale nie ma kolejności odchodzenia. A jednak powinniśmy odejść w takiej kolejności, w jakiej przyszliśmy. Skoro jesteś trzy lata starszy ode mnie, powinieneś odejść trzy lata wcześniej. Jeśli ci się to nie podoba, możesz odejść trzy dni wcześniej. Mogę tu mieszkać sama. Gdy już naprawdę nie będę mogła żyć samotnie, pojadę do Hyong-chola. Przydam im się w kuchni przy obieraniu czosnku i sprzątaniu. A ty co zrobisz? Nic nie umiesz. Rozumiem to. Nikt nie lubi śmierdzącego cichego starca we własnym pokoju. Stanowimy obciążenie dla dzieci, które nie mają z nas żadnego pożytku. Ludzie mówią, że można łatwo odgadnąć, w którym domu mieszka starzec. W takim domu śmierdzi. Nawet stara kobieta potrafi zadbać o siebie. Ale samotnie żyjący mężczyzna staje się żałosny. Nawet jeśli chcesz żyć długo, przynajmniej nie żyj dłużej niż ja. Sprawię ci dobry pochówek i dołączę do ciebie kiedyś... Mogę to zrobić.

Wspiąłeś się na krzesło, by zdjąć z szafy pudełko. Właściwie były tam dwa pudełka. Po wielkości poznałeś, że to z przodu należało do ciebie, a to stojące z tyłu – do twojej żony. Były znacznie większe, niż ci się wydawało. Twoja żona powiedziała, że w życiu nie widziała tak pięknej tkaniny. Bardzo się natrudziła, aby ją zdobyć. Otworzyłeś pudełko. W środku były przyozdobione żałobnie konopie, owinięte w oślepiająco białą bawełnę. Odwiązałeś każdy węzeł. Znalazłeś tam konopie do pokrycia materaca, te przeznaczone na koc, do owinięcia nóg i konopie do owinięcia rąk, wszystko było w idealnym porządku. *Mówiłaś, że najpierw mnie pochowasz, a potem ty odejdziesz...* Spoglądałeś na woreczki służące do owinięcia palców rąk i nóg żony po jej śmierci.

Dwie dziewczynki wbiegły przez bramę i krzyknęły w twoim kierunku: „Dziadku!". Były to dzieci T'ae-sopa, które mieszkały w pobliżu strumienia. Wkrótce pobiegną dalej, rozglądając się po domu. Będą szukać twojej żony. T'ae-sop, który prowadził chińską restaurację w Taejon, zostawił dwoje dzieci u starej matki. Tak starej, że ledwo mogła zadbać o siebie, i nigdy więcej się nie pokazał. Być może interes nie szedł mu tak dobrze. Twoja żona zawsze kręciła głową, gdy widziała te dzieci, i mówiła: „Nawet jeśli T'ae-sop jest zły, to jak złą osobą jest jego żona, że postąpiła w ten sposób?". Sąsiedzi szeptali, że żona T'ae-sopa i jego szef kuchni uciekli razem. To twoja żona, a nie ich babcia, upewniała się, czy dzieci jadły w ciągu dnia. Pewnego razu zorientowała się, że były głodne. Przyprowadziła je do domu, aby dać im śniadanie. Następnego dnia rano dziewczynki przyszły same, jeszcze zaspane. Twoja żona położyła na stole dwie dodatkowe łyżki i posadziła przy nim dzieci. Od tego czasu zaczęły regularnie jadać u was w domu. Czasami przybiegały, zanim jeszcze jedzenie było gotowe, szły do pokoju i leżały na brzuchu, bawiąc się. A kiedy stół był już zastawiony, przybiegały i siadały przy nim. Miały wielki apetyt, jak gdyby nigdy wcześniej nie jadły. Byliście zdumieni. Twoja żona podejrzewała, że chodzą całymi dniami głodne. „Wiedzie nam się coraz lepiej... A więc miło, że są z nami. Nie jesteśmy już tacy samotni".

Odkąd dziewczynki zaczęły przychodzić na posiłki, żona, nawet w nocy, gotowała na parze bakłażany i piekła dla nich makrelę. Kiedy wasze dzieci przyjeżdżały z Seulu w odwiedziny, przywożąc ze sobą owoce lub ciasto, matka odkładała porcje dla dziewczynek. Wkrótce zaczęły domagać się deserów. Nie miałeś bladego pojęcia, jak twojej żonie udawało się nakarmić tyle dzieci.

Pewnego dnia Pyong-sik, właściciel sklepu, przyprowadził twoją żonę do domu. Znalazł ją, gdy czekała na przystanku na autobus, ale zapomniała, do którego ma wsiąść. Kiedyś poszła do ogrodu, aby wyrwać warzywa, a znaleziono ją, jak siedziała na polu przy torach kolejowych. Co dzieci jadły podczas twojej nieobecności? Nie pomyślałeś o tych dziewczynkach, kiedy byłeś w Seulu.

– Gdzie jest babcia, dziadku?

Starsza dziewczynka domyśliła się, że żony nie ma w domu, gdy tylko spojrzała na zamkniętą studnię i szopę. Zadała pytanie, a młodsza podeszła do ciebie w oczekiwaniu na odpowiedź. Chciałeś zapytać o to samo. Naprawdę. Gdzie ona jest? Czy jest jeszcze na tym świecie? Powiedziałeś dzieciom, aby zaczekały. Nabrałeś ze słoika trochę ryżu, umyłeś go i wsypałeś do garnka. Dziewczynki biegały po domu, otwierając drzwi do każdego pokoju, jakby twoja żona zaraz miała wyjść z któregoś z nich. Zatrzymałeś się, nie wiedząc, ile wody należy dodać do ryżu, ponieważ nigdy wcześniej tego nie robiłeś. Wlałeś pół szklanki wody i nacisnąłeś przełącznik w garnku do gotowania ryżu.

Tego dnia w odjeżdżającym wagonie metra ze stacji Seul – ile minut zajęło ci uświadomienie sobie, że jej nie ma z tobą? Ile czasu minęło, aż to zrozumiałeś? Zakładałeś, że twoja żona weszła za tobą do metra. Kiedy pociąg zatrzymał się na stacji Namyong i odjechał, poczułeś przerażenie. Zanim mogłeś zbadać, skąd wzięło się to uczucie, coś przytłoczyło twoją duszę. Coś mówiło, że popełniłeś wielki błąd, którego nie można już cofnąć. Słyszałeś głośne bicie własnego serca. Bałeś się spojrzeć za siebie. W momencie, kiedy zostawiłeś żonę na stacji Seul, wsiadłeś do pociągu i pojechałeś dalej sam, w momencie, kiedy się odwróciłeś, przypadkowo uderzając w ramię osobę, która stała obok ciebie, dotarło do ciebie, że twoje życie zostało nieodwracalnie zniszczone. W czasie krótszym niż minuta uświadomiłeś sobie, że zboczyło z toru przez twój szybki chód, przez twój zwyczaj chodzenia zawsze przed żoną przez te wszystkie lata małżeństwa. Chodziłeś przed nią za młodu i teraz, gdy się zestarzałeś. Gdybyś odwrócił się, aby sprawdzić, czy jest z tobą zaraz po wejściu do wagonu, to czy sprawy potoczyłyby się w ten sposób? Ignorowałeś uwagi żony, która miała powolny chód i zawsze pozostawała w tyle, kiedy szliście gdzieś razem. Powtarzała ci ciągle: „Chciałabym, żebyś szedł trochę wolniej, chciałabym, żebyś szedł w moim tempie… Po co ten pośpiech?". Jeśli się w końcu zatrzymałeś, aby poczekać na nią, uśmiechała się wstydliwie i mówiła: „Chodzę zbyt wolno, prawda?".

Innym razem mawiała: „Przykro mi. Co by ludzie powiedzieli, gdyby nas zobaczyli? Gdyby nas, żyjących razem, zobaczyli z dala od siebie. Powiedzieliby, że ci ludzie muszą się wzajemnie tak nienawidzić, że nie mogą nawet chodzić obok siebie. Niedobrze się w ten sposób pokazywać innym. Nie będę próbowała trzymać cię za rękę, ale idź wolniej. Co zrobisz, jeśli mnie stracisz?".

Musiała wiedzieć, co się stanie. Jedyną rzeczą, którą żona ciągle ci powtarzała, od kiedy ją spotkałeś w wieku dwudziestu lat, była prośba, żebyś szedł wolniej. Jak mogłeś przez całe życie nie zwolnić kroku, gdy prosiła cię o to własna żona? Zatrzymywałeś się i czekałeś na nią, ale nigdy nie szedłeś obok niej i nie rozmawiałeś z nią w czasie drogi.

Od kiedy żona zaginęła, za każdym razem, gdy myślałeś o swoim szybkim chodzie, twoje serce biło tak, jakby miało eksplodować.

Szedłeś przed żoną przez całe życie. Czasami skręcałeś, nawet nie upewniwszy się, czy idzie za tobą. Gdy wołała cię z daleka, narzekałeś, pytając, czemu idzie tak wolno. Tak minęło pięćdziesiąt lat. Kiedy na nią czekałeś, zatrzymywała się obok ciebie z zaczerwienionymi policzkami, mówiąc z uśmiechem: "Nadal chciałabym, żebyś szedł trochę wolniej". Zakładałeś, że tak przeżyjesz resztę swoich dni. Ale tamtego pamiętnego dnia na stacji Seul po wejściu do pociągu metra ona nie podeszła już do ciebie.

Uniosłeś lekko wyprostowaną nogę, tę, która była operowana z powodu zapalenia stawów. Postawiłeś ją delikatnie na werandzie i obserwowałeś dziewczynki jedzące niedogotowany ryż z *kimchi*. Po zabiegu nie odczuwałeś już bólu. Zniknęły też problemy z krążeniem, ale nie mogłeś zgiąć lewej nogi.

– Przyłożyć ci gorący ręcznik na kolano?

Niemal słyszałeś, jak mówiła to do ciebie. Jej pokryte ciemnymi plamami ręce ustawiały na piecu garnek z wodą, moczyły w niej ręcznik i kładły go na twoich kolanach, nawet jeśli nie odpowiedziałeś. Za każdym razem, patrząc na jej niezgrabne dłonie przykładające kompres, wierzyłeś, że będzie żyć co najmniej jeden dzień dłużej niż ty. Miałeś nadzieję, że po twojej śmierci to jej ręce zamkną ci po raz ostatni oczy, wytrą schłodzone ciało i założą na ciebie ubranie.

Gdzie jesteś? Ty, którego żona zaginęła, pozostawiony sam, krzyczałeś z rozpaczy. Na ganku pustego domu wyprostowałeś sztywne nogi. Dziewczynki bawiły się po posiłku, a ty krzyczałeś. Usiłowałeś stłumić szloch, który podchodził w górę do gardła. Dusiłeś w sobie krzyk i płacz w obecności twoich synów, córek i synowych, ale teraz łzy same płynęły po twarzy. Nie potrafiłeś ich powstrzymać. Nie płakałeś, nawet gdy twoi sąsiedzi pochowali twoich rodziców zmarłych na cholerę. Nie mogłeś płakać, chociaż chciałeś. Po ich pogrzebie wróciłeś z gór, trzęsąc się z zimna i ze strachu. Łzy nie płynęły po twojej twarzy w czasie wojny. Twoja rodzina miała własną krowę. Kiedy wojska Korei Południowej stacjonowały w wiosce, ty spokojnie orałeś pole. Ale pewnego dnia północnokoreańscy żołnierze zeszli z gór pod osłoną nocy. Z gospodarstw wywlekli na ulice ludzi i krowy. Po zmroku zszedłeś z krową do centrum miasta. Przywiązałeś ją do pala obok posterunku policji. Usiadłeś na ziemi i zasnąłeś oparty o bok krowy. O świcie przyprowadziłeś ją z powrotem do wioski i wróciłeś do pracy w polu. Pewnej nocy nie poszedłeś na policję, bo myślałeś, że żołnierze z Północy opuścili już waszą okolicę. Ale oni tłumnie wtargnęli do wioski. Starali się zabrać ci krowę. Nie puściłeś jej, mimo że cię kopali i bili. Pobiegłeś za zwierzęciem, odpychając swoją siostrę, która próbowała cię powstrzymać, ale nawet wtedy, gdy bito cię lufą karabinu, nie płakałeś. Nie uroniłeś łzy, kiedy z innymi wrzucili cię do wody pełnej niełuskanego ryżu. Nie płakałeś nawet wtedy, gdy bambusowa włócznia przeszyła twoją szyję. A teraz głośno szlochałeś. Zdałeś sobie sprawę, jak bardzo byłeś samolubny, kiedy chciałeś, żeby żona cię przeżyła. To twój egoizm sprawił, że ją ignorowałeś. W głębi serca wiedziałeś, że kiedy wracałeś późno w nocy, żona z powodu silnego bólu głowy nie spała, ale miała zamknięte oczy. Po prostu udawałeś, że jesteś tego nieświadomy. Czasami wiedziałeś, że wychodzi na podwórze, aby nakarmić psa, a zamiast tego idzie w kierunku studni lub wychodzi z domu i po chwili zatrzymuje się, bo zapomniała, gdzie miała pójść. Potem wracała do domu. Patrzyłeś, jak wpełza do pokoju, ledwo znajduje poduszkę i kładzie się, z twarzą wykrzywioną bólem. Zawsze, kiedy coś cię bolało, ona cię pielęgnowała. A kiedy raz na jakiś czas powiedziała, że boli ją brzuch, odpowiadałeś: „A mnie bolą plecy".

Kiedy byłeś chory, twoja żona kładła ci na czole rękę i pocierała brzuch. Szła do apteki po lekarstwo i gotowała owsiankę z fasolki *mung*. Ale kiedy to ona nie czuła się dobrze, po prostu kazałeś jej wziąć tabletkę.

Zdałeś sobie sprawę, że nigdy nie podałeś żonie choćby szklanki ciepłej wody, kiedy miała niestrawność i ból brzucha.

Było to wtedy, gdy wędrowałeś po kraju zaabsorbowany grą na bębnach. Dwa tygodnie później wróciłeś do domu, a żona urodziła córkę. Twoja siostra obecna przy niej powiedziała, że poród był łatwy, ale niemowlę dostało biegunki. Żona zrobiła się blada jak papier, a jej kości policzkowe zaostrzyły się. Jej stan nie poprawiał się. Wydawało się, że jeżeli nic nie zrobisz, skończy się to tragedią. W końcu dałeś siostrze trochę pieniędzy na chińskie lekarstwo.

Twój płacz stawał się coraz głośniejszy, kiedy tak siedziałeś na ganku pustego domu.

Teraz wiedziałeś, że był to jedyny raz, kiedy zapłaciłeś za lek dla swojej żony. Twoja siostra kupiła trzy paczki ziół, zagotowała je i jej podała. Potem, kiedy miała problemy żołądkowe, twoja żona mówiła: „Gdybym wtedy miała jeszcze więcej tego lekarstwa, to całkiem bym wyzdrowiała".

Krewni lubili twoją żonę. Kiedy was odwiedzali, ograniczałeś się tylko do ich powitania. Wielu z nich przychodziło ze względu na twoją żonę. Ludzie mówili, że jedzenie przyrządzone przez nią jest wypełnione miłością. Nawet jeśli wszystko, co podawała, to zupa fasolowa czy prosta potrawa z solonej kapusty, goście i tak chwalili jej kuchnię. Twoi siostrzeńcy i siostrzenice przyjeżdżali do was na wakacje. Po pobycie w waszym domu narzekali, że dużo przytyli i mieli problemy z zapięciem szkolnych mundurków. Wszyscy mówili, że ryż przyrządzony przez twoją żonę tuczy. Kiedy ty i twoi sąsiedzi sadziliście na polach ryż i twoja żona przynosiła wam obiad składający się z ryżu i duszonej ryby z młodymi ziemniakami, ludzie przestawali pracować, by rozkoszować się tą potrawą. Nawet przechodnie zatrzymywali się, aby coś zjeść. Ludzie z wioski kłócili się o to, kto ma wam pomóc w pracach polowych. Mawiali, że po zjedzeniu obiadu twojej żony byli najedzeni do syta i mieli ochotę na dalszą pracę. Jeśli handlarz sprzedający melony lub ubrania zaglądał przez bramę podczas rodzinnego obiadu, to twoja żona witała go i zapraszała na posiłek.

– Gdybym miała wtedy więcej tego lekarstwa... Nawet ty wiedziałeś o tym, bo właśnie urodziłam dziecko i musiałam wydobrzeć, ale twoja siostra zapytała, ze skąpym wyrazem twarzy, po co mi tyle leku. I nie kupiła więcej. Gdybym miała dodatkowe dwie paczki, nie miałabym później żadnych problemów.

Kiedy twoja żona cierpiała na dolegliwości żołądkowe, przypominała ci napar z ziół sprzed lat. I choć powtarzała tę samą historię, nigdy nie kupiłeś jej żadnego lekarstwa na biegunkę.

– Powinnam była wziąć więcej lekarstwa. Teraz nic nie działa.

Za każdym razem, gdy twoja żona miała biegunkę, przestawała jeść. Nie rozumiałeś, jak można się powstrzymywać od posiłków przez kilka dni. Ignorowałeś jej brak apetytu. Dopiero gdy się zestarzałeś, pytałeś, czy nie powinna czegoś zjeść. Ona wówczas odpowiadała, z nieszczęśliwym wyrazem twarzy: „Zwierzęta nie jedzą, gdy są chore. Krowy, świnie… unikają jedzenia podczas choroby. Nawet kury i pies. Chory pies nie patrzy na jedzenie, nawet jeśli dostanie coś dobrego. Kopie dziurę przed budą i kładzie się w niej. Wstaje po kilku dniach. I wtedy wszystko zjada. Ludzie są tacy sami… Mój żołądek jest chory i nawet jeśli jedzenie jest smaczne, to działa na mnie jak trucizna".

Gdy nie mogła opanować biegunki, jadła utarte na tarce suszone śliwki. Ale nigdy nie chciała pójść do szpitala. Nawet wtedy, gdy powiedziałeś: „Jak suszone śliwki mogą cię wyleczyć? Idź do lekarza i kup jakieś lekarstwo". Ale nie posłuchała. A jeśli nalegałeś, odpowiadała z wyrzutem: „Chyba już powiedziałam, że nie pójdę do szpitala!", i nie pozwalała ci mówić o tym ponownie. Pewnego lata, kiedy opuściłeś dom, a wróciłeś dopiero w zimie, w lewej piersi żony wyczułeś guzek. Stwierdziłeś, że nie wygląda to dobrze, ale ona nic nie powiedziała. Dopiero gdy jej sutek zapadł się i wypełnił wydzieliną, zaprowadziłeś ją do szpitala w mieście. Wokół głowy nadal miała owiniętą chustę. Lekarze nie od razu postawili diagnozę. Zbadali ją i kazali czekać na wynik dziesięć dni. Co się stało w ciągu tych dziesięciu dni? Co takiego ważnego robiłeś, że nie wróciłeś po wyniki? W końcu, kiedy sutek zaczął ropieć, wziąłeś ją z powrotem do szpitala. Lekarz powiedział, że twoja żona ma raka piersi.

„Raka piersi?" Twoja żona powiedziała, że to niemożliwe. Nie miała czasu na leżenie w łóżku. Miała tyle rzeczy do zrobienia. Lekarz wyjaśnił ci, że nie pasuje do profilu o wysokim ryzyku tej choroby. Karmiła piersią wszystkie czworo dzieci i żadnego z nich nie urodziła w późnym wieku. Nie miała pierwszej miesiączki w bardzo młodym wieku i nie jadała mięsa, bo w rzeczywistości nie mogła sobie na nie pozwolić.

Pomimo tego komórki nowotworowe rozwijały się w lewej piersi twojej żony. Gdybyś wrócił po wyniki od razu, może nie trzeba byłoby jej amputować. Po operacji z owiniętą bandażami klatką piersiową pielęgnowała ziemniaki posadzone na polu należącym do kogoś innego. Ty swoje sprzedałeś, żeby zapłacić za zabieg.

Kiedy zbliżał się wasz wyjazd do Seulu z okazji twoich urodzin, znów miała problemy żołądkowe. Była bardzo słaba. Martwiłeś się, czy zdoła pojechać do miasta w takim stanie. Wtedy poprosiła cię, żebyś kupił banany, bo usłyszała o ich zbawiennym działaniu. Zanim wyjechaliście, trzy razy dziennie zjadała dwie suszone śliwki i pół banana. Z powodu bólu leżała w łóżku przez dziesięć dni. W młodości, nawet po urodzeniu dzieci, już po tygodniu wstawała z łóżka. Wkrótce zaczęła zapominać daty obrzędów ku czci przodków. Kiedyś, robiąc *kimchi*, stała tak, wpatrując się w niewidzialny punkt. Gdy spytałeś ją, co się stało, cicho wybełkotała: „Nie wiem, czy dodałam już czosnek czy jeszcze nie…". Pomyślałeś, że nie jest już młoda. „W pewnym wieku nasze ciała nie są już takie same". Doszedłeś do wniosku, że starzenie się jest naturalną koleją życia.

– Czy jesteś w domu?

Szeroko otworzyłeś oczy, gdy usłyszałeś głos siostry. Przez sekundę pomyślałeś, że to głos twojej żony, chociaż wiedziałeś doskonale, że tylko twoja siostra przychodzi tak wcześnie rano.

– Wchodzę – powiedziała, otwierając drzwi sypialni. W rękach trzymała tacę z miskami z ryżem, przystawkami i białymi serwetkami obiadowymi. Położyła jedzenie w rogu pokoju i spojrzała na ciebie. Mieszkała tu z wami czterdzieści lat temu, aż do momentu, kiedy wybudowała sobie dom przy nowej drodze. Od tamtej pory budziła się o świcie, paliła papierosa, wygładzała włosy, związywała je w kucyk, a potem przychodziła do was. Wychodziła z domu o świcie, a wracała do siebie nocą. Twoja żona zawsze nad ranem słyszała jej ciche kroki, jak krążyła wokół domu i wchodziła do środka przez tylną bramę. Jej stąpanie wydawało dźwięk, który budził żonę. Kiedy leżeliście jeszcze w łóżku, żona odwracała się do ciebie i mówiła z niechęcią: „Znowu tu jest", a następnie wstawała. Czasem siostra okrążała wasz dom i wracała do swojego – być może chciała się tylko upewnić, czy nic się nie stało z gospodarstwem przez noc. W młodości dwaj wasi starsi bracia zmarli w tym samym czasie. Potem niemal jednocześnie odeszli wasi rodzice. A podczas wojny prawie straciła ciebie. Po wyjściu za mąż razem z mężem zamieszkała w waszej wiosce zamiast tradycyjnie u jej teściów. Rana po utracie męża w pożarze domu była bardzo głęboka i wkrótce zamieniła się w wielkie drzewo, którego nie można było już ściąć.

– Nie rozłożyłeś nawet maty do spania?

Oczy siostry, wyraziste, gdy była młodą, bezdzietną wdową, teraz wyglądały na zmęczone. Jej włosy starannie wyszczotkowane i związane zrobiły się całkowicie białe. Była osiem lat starsza od ciebie, ale miała wyprostowaną postawę. Usiadła przy tobie, wyciągnęła papierosa i włożyła go do ust.

– Nie zamierzasz rzucić palenia? – zapytałeś.

Nie odpowiedziała. Wyciągnęła z kieszeni zapalniczkę z nadrukiem nazwy baru, zapaliła papierosa i zaciągnęła się dymem.

– Wasz pies jest w moim domu. Możesz go wziąć z powrotem, jeśli chcesz.

– Zatrzymaj go na trochę. Myślę, że muszę wrócić do Seulu.
– Co zamierzasz zrobić?
Nie odpowiedziałeś.
– Dlaczego wróciłeś sam? Powinieneś ją znaleźć i sprowadzić z powrotem!
– Myślałem, że może czeka tutaj.
– Gdyby tu była, zadzwoniłabym do was od razu, czyż nie?
Milczałeś.
– Jak możesz być takim bezużytecznym człowiekiem!? Jak mąż może zgubić żonę!? Jak mogłeś tu wrócić, kiedy ta biedna kobieta jest gdzieś tam?

Patrzyłeś na swoją siwowłosą siostrę. Nigdy nie słyszałeś, aby mówiła o niej w ten sposób. Twoja siostra zawsze miała cięty język i często ją krytykowała. Narzekała na twoją żonę, kiedy ta nie zachodziła w ciążę przez dwa lata po ślubie. A gdy urodziła Hyong-chola, z lekceważeniem powiedziała: „Nie zrobiła nic, czego nikt inny do tej pory nie zrobił". Mieszkała z waszą rodziną w latach, gdy żona do każdego posiłku musiała rozcierać ziarna w drewnianym moździerzu. Ona sama nie zrobiła tego ani razu.

– Chciałam jej powiedzieć kilka rzeczy przed śmiercią, a jej tu nie ma – zasmuciła się.
– Co chciałaś jej powiedzieć?
– Tylko o jednej albo dwóch sprawach...
– Czy mówisz o tym, jaka byłaś dla niej okropna?
– Czy mówiła, że byłam okropna?

Spojrzałeś na swoją siostrę, nawet się nie uśmiechając. *A więc twierdzisz, że nie byłaś złą kobietą?* Wszyscy zauważyli, że twoja siostra zachowywała się bardziej jak teściowa niż jak szwagierka. Ale ona sama złościła się, gdy ktoś tak mówił. Uważała, że zachowywała się jak na najstarszą osobę w rodzinie przystało. Może i tak było.

Twoja siostra wyciągnęła kolejnego papierosa i włożyła sobie do ust. Zniknięcie żony spowodowało, że zaczęła więcej palić. Tak czy inaczej, już od dawna nie umiałeś wyobrazić sobie siostry bez papierosa w ustach. Pierwszą czynnością, jaką robiła po przebudzeniu, było szukanie po omacku papierosa. Zresztą przez cały dzień ich szukała, zanim cokolwiek zaczęła robić – przed wyjściem, jedzeniem, spaniem. Uważałeś, że paliła zbyt wiele, ale nigdy jej nie powiedziałeś, żeby rzuciła ten nałóg. Właściwie nie mogłeś jej tego powiedzieć. Tuż po śmierci jej męża zobaczyłeś, jak wpatrywała się w płonący dom, siedząc i odpalając jednego papierosa od drugiego. Nie płakała ani się nie śmiała. Paliła, zamiast jeść i spać. Jeszcze trzy miesiące po pożarze, stojąc w jej pobliżu, czułeś zapach papierosów. Tak bardzo tytoń przeniknął przez jej skórę.

„Nie będę długo żyć" – powtarzała od dnia swoich pięćdziesiątych urodzin. „Przez te wszystkie lata uważałam, że mój los był szczególnie trudny i smutny. Co mam? Nie mam dzieci, nic. Gdy nasi bracia ginęli, myślałam, że to ja powinnam umrzeć zamiast nich, ale po śmierci rodziców zostałeś mi jeszcze ty. Wydawało mi się, że byliśmy sami na świecie. A ponieważ mój mąż zginął w pożarze, zanim zaczęłam go naprawdę kochać… ty stałeś się nie tylko moim bratem, ale i dzieckiem, a także moją miłością…"

To mogła być prawda. Bo inaczej nie chodziłaby na pola zbierać rosy, kiedy już w średnim wieku byłeś przykuty do łóżka, na wpół sparaliżowany, z powodu udaru. Zbierała rosę, ponieważ usłyszała, że możesz zostać wyleczony, jeśli codziennie będziesz pił miskę porannej rosy. Budziła się w środku nocy

i czekała na świt. W tamtym okresie twoja żona przestała na nią narzekać i zaczęła traktować ją z szacunkiem, jakby była jej prawdziwą teściową. Ze smutkiem na twarzy mówiła: „Nie sądzę, bym mogła zrobić dla ciebie coś więcej!".
– Chciałam powiedzieć jej przed śmiercią, że jest mi przykro z powodu trzech rzeczy – kontynuowała.
– Co chciałaś jej powiedzieć?
– Chciałabym jej powiedzieć, że jest mi przykro z powodu Kyuna... I że skrzyczałam ją za ścięcie drzewa moreli... Chciałabym ją przeprosić, że nie kupiłam leku, wtedy gdy miała problemy z żołądkiem...
Kyun. Nie odpowiedziałeś.
Twoja siostra wstała i wskazała na tacę.
– Tu jest trochę jedzenia dla ciebie. Zjedz, jak zgłodniejesz. Zjesz teraz?
– Nie, jeszcze nie jestem głodny. Dopiero co się obudziłem.
Wstałeś. Poszedłeś za siostrą, która przeszła po wszystkich pokojach. Dom, pozbawiony troskliwych rąk gospodyni, pokrywał się kurzem. Przechodząc przez podwórko, wytarła kurz ze słoików.
– Czy myślisz, że Kyun poszedł do nieba? – spytała.
– Dlaczego o nim mówisz?
– Kyun pewnie też jej szuka. Widzę go w moich snach. Zastanawiam się, jaki by był, gdyby żył.
– Co masz na myśli? Byłby stary jak ty i ja...

Kiedy twoja siedemnastoletnia żona poślubiła ciebie – dwudziestolatka, twój młodszy brat Kyun chodził do szóstej klasy. Był mądrym dzieckiem, wyróżniał się wśród rówieśników. Miał pogodne i otwarte usposobienie, świetnie się uczył i był przystojny. Gdy ludzie przechodzili obok niego, odwracali się, aby przyjrzeć mu się raz jeszcze, zastanawiając się, co za szczęście mieć takiego syna. Z powodu braku pieniędzy w domu Kyun nie mógł pójść do gimnazjum. Całymi dniami błagał ciebie i twoją siostrę, żebyście posłali go do szkoły. Nadal słyszysz jego słowa. „Proszę, wyślij mnie do szkoły, bracie, proszę, wyślij mnie do szkoły, siostro". Płakał. Bo nikt nie był w stanie mu pomóc. Choć minęło już kilka lat od wojny, wy nadal byliście niewiarygodnie biedni. Czasem zdawało ci się, że tamte powojenne dni były jak zły sen. Ty cudem przeżyłeś zranienie bambusową włócznią w szyję. Byłeś w rozpaczliwej sytuacji – jako najstarszy syn wielopokoleniowej rodziny nagle stałeś się odpowiedzialny za jej los. Być może było to dla ciebie zbyt trudne i dlatego chciałeś opuścić dom. Z trudem zdobywałeś żywność. Nie byłeś w stanie wysłać brata do szkoły. Kyun szukał ratunku u twojej żony. „Bratowo, poślij mnie do szkoły. Proszę, pozwól mi iść do szkoły średniej. Będę ci wdzięczny do końca życia".

Pewnego dnia twoja żona zwróciła się do ciebie:

– Skoro Kyun tak bardzo chce się uczyć, powinniśmy znaleźć jakiś sposób, żeby mu pomóc.

– Ja też nie mogłem iść do szkoły! On przynajmniej skończył szkołę podstawową – odparowałeś zły na los.

Nie poszedłeś do szkoły przez twojego ojca. Był lekarzem medycyny chińskiej i nie pozwalał ci przebywać wśród wielu ludzi. Nieważne, czy to była szkoła czy nie. Bał się zarazy. Epidemia zabrała mu już dwóch synów. Siedział z tobą wieczorami i sam uczył cię chińskich znaków.

Żona prosiła cię, żebyście wysłali Kyuna do szkoły.

– Jak?

– Możemy sprzedać ogród.

Twoja siostra ostro skrytykowała pomysł na posłanie Kyuna do szkoły: „Zrujnujesz rodzinę!". I wygoniła twoją żonę do jej rodziny. Dziesięć dni później, pijany, wyruszyłeś w nocy do domu swojej teściowej. Górską ścieżką zszedłeś do maleńkiej wsi i stanąłeś przed jej domem. Długo patrzyłeś w okno wychodzące na podwórze. Wcale nie poszedłeś tam z myślą, aby przyprowadzić żonę z powrotem do domu. Zjawiłeś się tam po alkohol ryżowy obiecany w zamian za zaoranie sąsiadom pola. Nawet jeśli to nie ty wygnałeś ją do rodzinnego domu, nie mogłeś zjawić się u teściowej, jak gdyby nic się nie stało. Po prostu stałeś pod oknem. Słyszałeś rozmowę swojej żony z jej matką. Twoja teściowa mówiła podniesionym głosem: „Nie wracaj do tego przeklętego domu! Spakuj swoje rzeczy i opuść tę rodzinę".

Żona, szlochając, nalegała: „Nawet jeśli mam skonać, mam zamiar wrócić do domu, choćby po to, by tam umrzeć. Dlaczego mam zostawić swój dom? Teraz należy on także do mnie". Opierałeś się o ścianę, aż zobaczyłeś, jak świt zaczął przedostawać się przez bambusowy lasek. Chwyciłeś żonę, która wyszła do kuchni zrobić śniadanie. Po przepłakanej nocy miała tak spuchnięte oczy, że kiedyś duże, zamieniły się teraz w dwie małe szczelinki. Zaskoczona spojrzała na ciebie. Wziąłeś ją za rękę i ruszyliście przez bambusowy las z powrotem do domu. Gdy wyszliście, puściłeś jej rękę i ruszyłeś przodem. Rosa zamoczyła ci spodnie. Twoja żona, dysząc ciężko z tyłu, prosiła: „Idź trochę wolniej!".

Po waszym powrocie Kyun podbiegł do twojej żony i zawołał: „Bratowo!".

– Bratowo, obiecuję, że nie pójdę do szkoły, ale już nigdy nas nie zostawiaj!

Oczy Kyuna pokryły się łzami, ponieważ zrezygnował ze swoich marzeń. Skoro nie mógł chodzić do szkoły średniej, rzucił się w wir pomagania twojej żonie w pracach domowych. Wspólnie pracowali na polu. Gdy tylko nie widział twojej żony zza wysokich łodyg prosa, wołał zaniepokojony: „Bratowo!". A gdy odpowiadała: „Tak?", uśmiechał się i znowu wołał „Bratowo!". Wołał ją, a ona odpowiadała i znowu ją wołał, a ona znowu mu odpowiadała. Podczas wspólnych prac bardzo się ze sobą zżyli. Kyun był jej wiernym towarzyszem w czasie twojej długiej nieobecności. Gdy zmężniał, orał na wiosnę pole przy pomocy krowy, a jesienią siał na polach ryż, zanim ktokolwiek inny to zrobił. Sadził też kapustę w ogrodzie warzywnym. W tamtych czasach ludzie rozkładali słomiane maty na polach ryżowych, aby cepami młócić ziarna ryżu. Wszystkie kobiety ze wsi, które posiadały cepy, zbierały się na polu rodziny, która tego dnia miała młócić ryż, i pracowały aż do zachodu słońca. Pewnego roku Kyun poszedł do pracy do miejscowego browaru. Za pierwszą wypłatę kupił twojej żonie nowy cep.

– Co to za cep? – zapytała.

Kyun uśmiechnął się.

– Twój cep był najstarszy w wiosce… Ledwo młócił.

Cep twojej żony był tak stary, że młócenie ziarna wymagało od niej więcej wysiłku niż od innych kobiet. Kiedyś poprosiła cię o nowy. Jej słowa wleciały ci jednym uchem, a wyleciały drugim. Skoro stary jeszcze się nie rozpadł, uważałeś, że jest dobry. Jaki był sens wydawać pieniądze? Trzymając nowiutki cep w ręku, twoja żona z gniewem odezwała się do Kyuna:

– Dlaczego marnujesz pieniądze na takie rzeczy, skoro nawet nas nie stać, żeby posłać cię do szkoły!

Chłopak zaczął się tłumaczyć:

– To nic. Chciałem ci pomóc – jego twarz zrobiła się czerwona.

Kyun żył dobrze z twoją żoną. Może myślał o niej jak o matce. Gdy tylko miał pieniądze, kupował jej różne rzeczy do domu. Była mu wdzięczna, bo potrzebowała wszystkiego. To właśnie on kupił jej piękną niklowaną miskę. Gdy okazałeś zdziwienie, tłumaczył się z zakłopotaniem: „Inne kobiety we wsi mają takie naczynia, tylko moja bratowa musi używać ciężkiej misy z drewna kauczukowego". Twoja żona w niklowanej misce robiła *kimchi*, nosiła w niej także posiłek na pole. Po użyciu myła ją i umieszczała na górze szafy. Używała jej tak długo, aż nikiel opadł i misa stała się biała.

Nagle wstałeś i poszedłeś do spiżarni. Spojrzałeś na wiszącą półkę wykonaną z grubych desek. Na górze ułożone były małe składane przenośne stoliki na posiłek. Na nich ustawiona była pięćdziesięcioletnia niklowana misa.

Nie było cię w domu, kiedy twoja żona urodziła drugiego syna. Był z nią Kyun. Słyszałeś, co się zdarzyło później. Panowała mroźna zima i było potwornie zimno, a brakowało drewna na rozpałkę. Po urodzeniu wcześniaka twoja zmarznięta żona leżała przez kilka dni w zimnej izbie. Kyun postanowił ściąć stare drzewo morelowe, które rosło na podwórzu. Do pieca ustawionego w pokoju twojej żony włożył kawałki drewna i rozpalił ogień. Wkrótce po pomieszczeniu rozeszło się przyjemne ciepło. Wtedy twoja siostra wpadła rozgniewana do pokoju i skarciła ją za samowolę: „Jak mogłaś zrobić coś takiego, skoro mówi się, że jeśli się zetnie drzewo rosnące w domu rodzinnym, wkrótce zaczną umierać członkowie rodziny!".

Kyun bronił twojej żony i krzyczał: „Ja to zrobiłem! Dlaczego ją oskarżasz!?". Ale twoja siostra rozwścieczona chwyciła Kyuna za gardło: „Przyznaj się! Czy to ona kazała ci to zrobić? Ty draniu! Ty okropny chłopaku!". Kyun nie poddawał się i bronił twojej żony: „Wolałabyś, żeby zamarzła na śmierć w zimnym pokoju po urodzeniu dziecka twego brata?".

Po tym incydencie Kyun postanowił wyjechać do pracy. Po czterech latach powrócił do was bez grosza, a twoja żona serdecznie przyjęła go z powrotem. Jednak Kyun zmienił się podczas swojej nieobecności. Zmężniał i wyrósł na kawał chłopa. Jednocześnie stał się ponury, a jego oczy utraciły młodzieńczy blask i radość życia. Nawet nie uśmiechnął się do twojej żony. Nie chciał opowiedzieć, gdzie był i co robił przez ostatnie lata. Podejrzewałeś, że świat na zewnątrz okazał się nieprzychylny, a cele nieosiągalne. Pewnego dnia twoja żona blada przybiegła do miejscowego sklepu, gdzie grałeś z kolegami w *yut*. Nalegała, żebyś wrócił z nią do domu, ponieważ coś dziwnego działo się z Kyunem. Tymczasem ty byłeś tak zajęty grą, że zignorowałeś ją i odesłałeś do domu. Przez moment patrzyła na ciebie w oszołomieniu, nie wiedząc, co robić. Po chwili szybkim ruchem wyrwała matę, na której graliście, i krzyknęła: „On umiera! Musisz ze mną pójść!". Zachowywała się tak dziwnie, że z niepokojem w sercu podążyłeś za nią w kierunku domu.

– Szybciej! Pospiesz się! – krzyczała, biegnąc z przodu. Po raz pierwszy to ty ją goniłeś. Kyun leżał w miejscu, gdzie kiedyś rosło drzewo morelowe, i zwijał się z bólu. Na ustach miał pianę, a jego język wystawał na zewnątrz.

– Co mu jest? – spojrzałeś na żonę. Na jej twarzy malowało się przerażenie.

To ona pierwsza znalazła Kyuna w takim stanie i kilka razy wzywała policję. Chłopak umarł. Zanim ustalono przyczynę zgonu, po wsi krążyła plotka, że to twoja żona otruła go środkami owadobójczymi rozsiewanymi na polu w sąsiedniej wiosce. Z kolei twoja siostra, z oczami czerwonymi od łez, krzyczała: „Zabiłaś mojego brata, ty suko!".

Twoja żona zachowywała spokój w trakcie przesłuchiwania przez detektywów.

– Jeśli myślicie, że to ja go zabiłam, to po prostu mnie aresztujcie.

Raz nawet musiała być siłą przyprowadzona do domu, ponieważ za nic nie chciała opuścić posterunku policji, gdzie nalegała, aby zamknąć ją w więzieniu. Z rozpaczy rwała sobie włosy z głowy i biła się mocno pięściami w klatkę piersiową. Podbiegała do studni i polewała się wodą. Ty, w tym czasie, prawie oszalałeś. Podczas gdy żona była przesłuchiwana, włóczyłeś się w samotności po górach i polach, wołając imię zmarłego brata: „Kyun! Kyun!". Czułeś silny ból i okropny żar w klatce piersiowej. Uczucie nie do zniesienia. Umarły nie chciał przemówić, więc żyjący tracili z rozpaczy rozum.

Biedna kobieta. Dopiero teraz zdałeś sobie sprawę, jakim byłeś tchórzem. Przez całe swoje życie przelewałeś swoje smutki i żale na żonę. Zamiast ją pocieszać, doprowadzałeś do sytuacji, w których zaczęła skrywać swoje emocje tylko dla siebie.

Mimo żałoby to twoja żona znalazła kogoś, kto zgodził się pochować Kyuna. Mijały lata, a ty nigdy nie zapytałeś, gdzie jest jego grób.

– Nie chcesz wiedzieć, gdzie jest pochowany twój brat? – pytała od czasu do czasu.

Nie powiedziałeś ani słowa. Nie chciałeś wiedzieć.

– Nie chowaj do niego urazy, że odszedł w ten sposób... Jesteś jego bratem. Nie ma rodziców, więc powinieneś go odwiedzić... Żałuję, że nie możemy go ponownie pochować w lepszym miejscu na rodzinnym cmentarzu.

Ale ty krzyczałeś na nią: „Dlaczego muszę wiedzieć, gdzie jest pochowany ten drań?".

Pewnego razu, gdy szliście leśną drogą, twoja żona zatrzymała się. „Grób Kyuna jest w pobliżu, nie chcesz go odwiedzić?" Może udawałeś, że nie słyszysz. Dlaczego tak ją raniłeś? Jakieś dwa lata temu, w rocznicę śmierci Kyuna, twoja żona przygotowała jedzenie, które zabrała na jego grób. Gdy wróciła, pachniało od niej soją, a oczy miała zaczerwienione od łez.

Zmieniła się po śmierci Kyuna. Kiedyś była szczęśliwa, teraz przestała się uśmiechać. A gdy uśmiech z rzadka pojawił się na jej twarzy, chwilę później znikał. Dawniej zmęczona po pracy fizycznej w polu potrafiła zasnąć, jak tylko przyłożyła głowę do poduszki. Teraz spędzała bezsenne noce do czasu, kiedy młodsza córka została farmaceutką i przepisała jej tabletki nasenne. Ogarnęły cię wyrzuty sumienia wobec biednej kobiety, która nawet nie mogła spokojnie spać. Od śmierci Kyuna stary dom był dwukrotnie przebudowywany. Z każdym remontem pozbywałeś się starych rupieci pochowanych po kątach, a twoja żona głęboko ukrywała swoją niklowaną miskę w obawie, że ją straci. Być może bała się, że ktoś ją wyrzuci albo że zginie w bałaganie podczas remontu. Niklowana miska była pierwszą rzeczą, którą przenosiła do namiotu, gdy dom był w przebudowie. Po zakończeniu robót, zanim zrobiła cokolwiek innego, zanosiła z powrotem miskę i stawiała ją na półce w odnowionym domu.

Zanim zaginęła, nawet nie przyszło ci przez myśl, że bolało ją twoje milczenie i obojętność wobec śmierci własnego brata. Sam uważałeś, że nie ma sensu mówić o przeszłości. Gdy twoja córka wspomniała rozmowę z lekarzem mamy, powiedziała ci, że zapytał ją o to, czy wydarzyło się w jej życiu coś, co mogło spowodować wstrząs. „Czy jest coś, o czym nie wiem?" Pokręciłeś przecząco głową. Kiedy córka powiedziała, że lekarz zalecił matce wizytę u psychiatry, urwałeś ze złością: „Kto tu potrzebuje psychiatry?!". Zawsze myślałeś o Kyunie jak o kimś, kogo nie warto wspominać. Czułeś, że naprawdę o nim zapomniałeś. W wieku pięćdziesięciu lat nawet żona stwierdziła: „Nie widzę już w moich snach Kyuna. Może teraz pójdzie do nieba". Pomyślałeś wtedy, że w końcu doszła do siebie po jego śmierci. Jednak ostatnimi czasy wróciły do niej wspomnienia o Kyunie. A ty już miałeś nadzieję, że o nim zapomniała.

Pewnej nocy obudziła cię: „Czy myślisz, że Kyun nie zrobiłby tego, gdybyśmy wysłali go do szkoły?". Potem cicho wymamrotała do siebie: „Kiedy wyszłam za mąż, to Kyun był dla mnie najmilszy... Chociaż byłam jego bratową, nie mogłam go choćby wysłać do szkoły średniej, mimo że bardzo tego pragnął. Znowu widzę go w swoich snach. Nie sądzę, aby jego duszy udało się pójść w jakieś piękne miejsce".

Mruknąłeś i przewróciłeś się na drugi bok, ale twoja żona nie przestawała mówić. „Dlaczego byłeś taki dla niego?

Dlaczego nie posłałeś go do szkoły? Czy nie czułeś się źle, gdy on płakał z tego powodu? Powiedział, że znajdzie sposób, żeby utrzymać się w niej, jeżeli tylko go zapiszemy".

Nie chciałeś z nikim rozmawiać o Kyunie. Był blizną na twojej duszy. Chociaż nie było już drzewa morelowego, pamiętałeś dokładnie, gdzie zmarł. Wiedziałeś, że twoja żona często wpatruje się w to miejsce. Ale ty nie chciałeś rozdrapywać ran. Były gorsze rzeczy w życiu.

Chrząknąłeś kilka razy.

Dopiero kiedy twoja żona zaginęła, pożałowałeś, że tamtej nocy nie porozmawiałeś z nią otwarcie o młodszym bracie. To on zastąpił ciebie w jej sercu. Potrafiła w środku nocy pójść do łazienki i krzyczeć: „To nie byłam ja, nie ja!". Jak pytałeś, co jej jest, ona mrużyła oczy i wpatrywała się w ciebie obojętnie. Jakby nic nie pamiętała. Takie sytuacje powtarzały się coraz częściej.

Dlaczego nie zastanowiłeś się, że musiała zameldować się na posterunku policji i zeznawać o Kyunie? Była głównym podejrzanym o morderstwo. Dlaczego dopiero teraz pomyślałeś, że Kyun mógł mieć coś wspólnego z jej silnymi bólami głowy? Powinieneś był posłuchać swojej żony chociaż raz i pozwolić mówić jej to, co leżało jej na sercu. Lata milczenia, podczas których obwiniałeś ją, a jednocześnie nie pozwalałeś jej dojść do głosu, mogły być przyczyną częstego bólu głowy. Coraz częściej zauważałeś, jak zagubiona stoi bezczynnie w miejscu. Mówiła, że nie pamięta, co miała zrobić. Nawet gdy ból głowy nie pozwalał jej się swobodnie poruszać, nie chciała iść do szpitala. Prosiła, żebyś nie mówił dzieciom o jej dolegliwości: „Po co ich martwić? Są zajęci innymi sprawami".

Kiedy dowiedzieli się o tym, bagatelizowała problem: „Wczoraj bolała mnie głowa, ale już czuję się dobrze!". Pewnego razu obudziła się w środku nocy i z kamiennym wyrazem twarzy spytała cię: „Dlaczego zostałeś ze mną przez te wszystkie lata?". Mimo to nadal zrywała dzikie japońskie śliwki i gotowała z nich kompot dla ciebie. W niedziele jeździła z tobą motocyklem do kościoła, a czasem sugerowała, żeby zjeść poza domem. Czasami miała ochotę na coś, czego sama nie musiała gotować. Kiedy rodzina zaproponowała, aby wszystkie obrzędy ku czci przodków odbywały się jednego dnia, początkowo zgodziła się, aby ceremonia była przygotowywana przez żonę Hyong-chola. Jednak skoro przez całe życie zajmowała się obrządkiem, dopóki żyje, chciała to robić na własną rękę. Inaczej niż kiedyś, twoja żona zaczęła zapominać o wielu rzeczach i zdarzało się, że musiała iść kilka razy do miasta, zanim stół dla przodków został przygotowany. Ale nie przejmowałeś się tym. Wydawało ci się to normalne.

Telefon zadzwonił o świcie. *O tej porze?* Pełen nadziei, szybko podniosłeś słuchawkę.
– Ojcze?
To była twoja starsza córka.
– Ojcze?
– Tak.
– Dlaczego tak długo nie odbierałeś? Dlaczego nie odbierasz komórki?
– Co się dzieje?
– Byłam zszokowana, gdy zadzwoniłam wczoraj do Hyong--chola... Dlaczego pojechałeś do domu? Powinieneś mi o tym

powiedzieć. Nie możesz wyjeżdżać bez uprzedzenia i nie odbierać telefonu.

Twoja córka musiała dopiero teraz dowiedzieć się, że wróciłeś na wieś.

– Spałem.

– Spałeś? Cały czas?

– Myślę, że tak.

– Co zamierzasz tam robić sam?

– Ona może tu przyjść...

Twoja córka milczała. Przełknąłeś ślinę, miałeś suche gardło.

– Czy mam przyjechać?

Spośród wszystkich dzieci Chi-hon była najbardziej zaangażowana w poszukiwanie twojej żony. Częściowo dlatego, że była panną. Aptekarz z dzielnicy Yokchon był ostatnią osobą, która zadzwoniła, mówiąc, że widziała kogoś, kto wyglądał podobnie do twojej żony. Twój syn zamieścił więcej ogłoszeń w prasie, ale nie było żadnej reakcji. Nawet policja twierdziła, że zrobiła już wszystko i teraz trzeba czekać, aż ktoś zadzwoni z jakąś nową informacją. Twoja córka co noc odwiedzała kilka izb przyjęć w szpitalach i sprawdzała każdego pacjenta, który nie miał rodziny.

– Nie... Zadzwoń, jeśli coś nowego się wydarzy.

– Jeśli nie chcesz być sam, wracaj do nas, ojcze. Ewentualnie poproś ciocię, żeby do ciebie przyjechała.

Głos córki brzmiał dziwnie. Jakby piła, jakby połykała słowa.

– Piłaś?

– Tylko kilka drinków. – Już miała się rozłączyć.

Piła do rana? Wykrzyknąłeś jej imię do słuchawki. Odpowiedziała niskim głosem. Ręka, w której trzymałeś telefon,

pokryła się potem. Nogi miałeś jak z gąbki, więc usiadłeś na podłodze:
– Tego dnia twoja mama nie czuła się na tyle dobrze, aby jechać do Seulu. Nie powinniśmy byli jechać... Poprzedniej nocy doznała silnego bólu głowy. Przykładała sobie lód do czoła. Nie słyszała, gdy wołałem jej imię. Znalazłem ją z głową w zamrażarce. Była w strasznym stanie. Rano zapomniała zrobić śniadanie, ale pamiętała, że musimy udać się do Seulu, bo tam wszyscy na nas czekają. Żałuję, że zgodziłem się na ten wyjazd. Myślę, że mój osąd jest coraz gorszy, bo jestem stary. Jedna część mnie myślała, że w mieście zmusimy ją, aby poszła do szpitala... Powinna się leczyć... Ale nie traktowałem jej jak chorej osoby. Nie troszczyłem się o nią. Kiedy tylko dotarliśmy do Seulu, po prostu szedłem przed nią... Mój stary zwyczaj... Tak to się stało.

Słowa, których nie umiałeś wcześniej powiedzieć dzieciom, po prostu wyleciały ci z ust.
– Ojcze...
Słuchałeś.
– Myślę, że wszyscy zapomnieli o mamie. Nikt do niej nie dzwonił. Czy wiesz, dlaczego tamtego dnia bolała ją głowa? To dlatego, że zachowałam się jak wredna suka. Tak właśnie powiedziała – głos córki załamał się.
– Twoja mama tak powiedziała?
– Tak... Sądziłam, że może mi się nie udać przyjechać na urodziny, więc zadzwoniłam z Chin i zapytałam, co robi. Powiedziała, że wlewa alkohol do butelki. Dla najmłodszego brata. Wiesz, że on lubi alkohol. Nie wiem... Nie było warto, ale wpadłam w złość. On naprawdę musi przestać pić... Mama przywozi do Seulu alkohol, bo jej dziecko lubi pić. Powiedziałam

więc, co myślę: „Nie bierz takich ciężkich rzeczy w podróż. Jeśli on się upije i zrobi scenę, to będzie twoja wina. Proszę, bądź rozsądna". Mama odezwała się słabym głosem: „Masz rację". Powiedziała, że pójdzie do miasta i kupi trochę ciastek ryżowych... Zawsze przywozi ciastka ryżowe z okazji urodzin. A ja odpowiedziałam: „Nie, nikt nie je tych ciastek. Po prostu zabieramy je do domu i wkładamy do zamrażarki". Dodałam, że nie może zachowywać się jak kobieta ze wsi i może przyjechać do Seulu z pustymi rękami. Zapytała mnie, czy wsadziłam wszystkie ciastka ryżowe do zamrażarki, więc powiedziałam: „Tak, mam nawet te sprzed trzech lat". Rozpłakała się. Zapytałam: „Mamo, ty płaczesz?". A ona powiedziała: „Jesteś wredną suką". Mówiłam jej to po to, żeby było jej lżej. Kiedy nazwała mnie suką, trochę się zdenerwowałam. W Pekinie tego dnia było bardzo gorąco. Byłam tak zła, że krzyknęłam: „Mam nadzieję, że jesteś szczęśliwa, że masz córkę sukę! Ok, jestem suką!". I odłożyłam słuchawkę.

Milczałeś.

– Mama nie lubi, kiedy krzyczymy... A my zawsze na nią krzyczeliśmy. Miałam zamiar zadzwonić i ją przeprosić, ale zapomniałam, bo jadłam, zwiedzałam i rozmawiałam z ludźmi. Gdybym to zrobiła, nie miałaby takiego bólu głowy... I wtedy byłaby w stanie iść za tobą.

Twoja córka płakała.

– Chi-hon!

Milczała.

– Twoja mama była z ciebie bardzo dumna.

– Co?

– Gdy twoje zdjęcie pojawiało się w gazecie, składała ją i wkładała do torebki, a po chwili wyjmowała i znów je

oglądała. I tak w kółko... Jeśli spotkała kogoś w mieście, wyjmowała gazetę, pokazywała mu artykuł i chwaliła się tobą.
Milczała.
– Gdy ktoś ją pytał, czym zajmuje się jej córka, mówiła, że piszesz słowa. Mama zwróciła się do kobiety z Domu Nadziei w Namsan-dong, żeby czytała jej twoje książki. Wiedziała, co napisałaś. Kiedy ta kobieta czytała mamie, jej twarz jaśniała uśmiechem. Cokolwiek się zdarzy, musisz pisać dalej. Zawsze jest właściwy czas, aby coś powiedzieć... Ja przeżyłem swoje życie bez rozmów z nią. Możliwe, że już straciłem na to szansę. Przypuszczam, że ona wie. Teraz czuję, że mogę wszystko powiedzieć, ale nie ma nikogo, kto by mnie wysłuchał. Chi-hon?
– Tak?
– Proszę... proszę zaopiekuj się mamą.
Córka szlochała głośno do słuchawki. Przycisnąłeś telefon bliżej ucha i słuchałeś samotnego płaczu swojego dziecka. Płakała coraz głośniej. Zdawało ci się, że jej łzy zaraz wyleją się z twojego telefonu. Łzy pokryły i twoją twarz. Nawet jeśli wszyscy na świecie zapomną, twoja córka będzie pamiętać, że twoja żona naprawdę kochała świat. I że ty ją kochałeś.

Inna kobieta

Rośnie tu tyle sosen.

Skąd się wziął taki wiejski zakątek w samym środku miasta? Tak dobrze ukryty. Czy padał śnieg? Drzewa są ośnieżone. Niech spojrzę – przed twoim domem rosną trzy sosny. Jakby ten mężczyzna zasadził je specjalnie dla mnie, żebym mogła tu usiąść. Och, nie mogę uwierzyć, że o nim mówię. Najpierw odwiedzę ciebie, a następnie pójdę do niego. Tak zrobię. Myślę, że tak powinnam zrobić.

Bloki, w których mieszka twoje rodzeństwo, wyglądają tak samo. Nie wiem, w którym mieszkacie budynku. Jak to wszystko może być aż tak do siebie podobne? Jak ludzie mogą żyć w jednakowych blokach? Myślę, że byłoby cudownie, gdyby mieszkali w domach o różnych kształtach i kolorach. Czyż nie byłoby miło mieć szopę i poddasze? Czy nie byłoby przyjemnie mieszkać w domu, w którym dzieci mają swoje kryjówki? Kiedyś sama chowałaś się na strychu, z dala od swoich braci. Teraz nawet na wsi buduje się domy, które wyglądają identycznie. Kiedy ostatnio wchodziłaś na dach naszego domu? Można stamtąd zobaczyć wieżowce w mieście. Gdy byłaś mała, do naszej wsi nawet nie dojeżdżały autobusy. W tym tętniącym życiem mieście musi być naprawdę okropnie, skoro nawet na wsi budynki wydają się coraz bardziej do siebie podobne. Wszystko jest tak do siebie zbliżone, że nie wiem, w którą stronę iść. Nie mogę znaleźć ani domów twoich braci, ani kawalerki siostry. To dla mnie problem. W moich oczach wszystkie budynki posiadają jednakowe wejścia i drzwi. Ale przecież każdy potrafi znaleźć drogę do swojego domu, nawet w środku nocy. Nawet dzieci.

Ale ty mieszkasz tutaj, gdzie jest ładnie.

Tak przy okazji – gdzie to jest? Dzielnica Puam w Chongno-gu w Seulu... Czy to tutaj jest Chongno-gu? Chongno-gu...

Chongno-gu... O! Chongno-gu! Pierwszy małżeński dom twojego starszego brata stał w Chongno-gu. Dzielnica Tongsung w Chongno-gu. Pewnego dnia powiedział mi: „Mamo, to Chongno-gu. Za każdym razem, kiedy piszę swój adres, czuję się szczęśliwym. Chongno znajduje się w centrum Seulu. I tu właśnie mieszkam". Chwalił się, że ze wsi trafił wreszcie do Chongno. Nazywał tamto miejsce Chongno-gu, ale tak naprawdę mieszkał w kamienicy stojącej na stromym wzgórzu zwanym Naksan. Ledwo mogłam oddychać, gdy się tam wdrapałam. Pomyślałam wtedy: „Jak można stawiać domy tak wysoko? Okolica wyglądała bardziej sielsko niż nasze rodzinne miasteczko!". I to samo mogę tutaj powtórzyć. Tu, gdzie mieszkasz. Jak to możliwe, że w tym mieście jest takie miejsce?

W ubiegłym roku, po powrocie do Seulu po trzech latach spędzonych za granicą, byłaś rozczarowana, że nie możesz nawet wynająć mieszkania za pieniądze, które posiadałaś. Ale myślę, że wreszcie trafiłaś na coś odpowiedniego. To jakby maleńka wieś w mieście. Jest tu kawiarnia, galeria sztuki i nawet młyn. Widziałam, jak robią w nim placki ryżowe. Patrzyłam długo, ponieważ przypomniały mi się dawne czasy. Czy mamy już Nowy Rok? Dużo ludzi przygotowywało podłużne, białe ciastka ryżowe. Nawet w tym mieście jest miejsce, w którym się je robi! Kiedyś sama nosiłam do młyna wielkie wiadro ryżu na ciastka ryżowe. Wysypywałam je na moje zmarznięte ręce i czekałam na swoją kolej mielenia.

Mieszkanie tutaj z trójką dzieci zapewne jest uciążliwe. I twój mąż musi długo dojeżdżać do pracy w Sollung. Czy macie w pobliżu jakiś bazar?

Kiedyś powiedziałaś mi: „Zawsze mi się wydaje, że kupuję wiele rzeczy, ale jakoś wszystko tak szybko znika. Muszę kupować trzy jogurty, jeśli chcę dać po jednym każdemu dziecku. Jeśli chcę kupić po jednym jogurcie na trzy dni, muszę wziąć aż dziewięć opakowań. Mamo! To przerażające. Tyle kupuję, a lada chwila już nic nie ma". Ruchem rąk starałaś się pokazać mi, jak dużo tego jest. Oczywiście to normalne, skoro ma się trójkę dzieci.

Twój najstarszy syn, przestraszony, z policzkami czerwonymi od zimna, opiera rower o bramę. Otwiera ją i krzyczy: „Mamo!". Ubrana w szary sweter wychodzisz na zewnątrz, trzymając najmłodsze dziecko na rękach.
– Mamo! Ptak!
– Ptak?
– Tak, przed bramą!
– Jaki ptak?
Nic nie mówiąc, twój syn pokazuje palcem na bramę. Naciągasz kaptur na głowę najmłodszego dziecka, w razie gdyby było zimno, i podchodzisz do wskazanego miejsca. Przed wejściem leży szary ptaszek, cały pokryty ciemnymi plamkami od głowy do skrzydeł. Jest zamarznięty, prawda? Wydaje mi się, że pomyślałaś o mnie, gdy na niego spojrzałaś. A tak przy okazji, kochanie, mnóstwo ptaków krąży wokół twojego domu. Skąd ich się tutaj tyle wzięło? Zimowe ptaki krążą wokół domu, ale nie zaglądają do środka.

Kilka dni temu spoglądałaś na srokę trzęsącą się pod drzewem pigwy. Myślałaś, że jest głodna, weszłaś do domu i rozdrobiłaś chleb, który jadły dzieci. Wyszłaś na zewnątrz i pod drzewem wysypałaś okruszki. Wtedy też pomyślałaś o mnie. Przypomniałaś sobie, jak pewnej zimy przyniosłam miskę starego ryżu i wysypałam ziarna pod drzewem pigwy dla ptaków siedzących na nagich gałęziach. Wieczorem pod to drzewo zleciało się stado ptaków. Pojawił się nawet ptak, który miał skrzydła tak duże jak twoja dłoń. Od tego dnia, codziennie zimą, w tym samym miejscu wysypywałaś okruchy chleba dla głodnych ptaków. Ale tym razem ptak jest przed bramą, nie pod drzewem. Wiem, co to za ptak. To czarnobrzucha siewka. Dziwne. Ten ptak nie lata samotnie, więc jak się tutaj znalazł? I powinien być blisko oceanu. Widziałam podobnego w Komso, gdzie mieszkał tamten mężczyzna. Widziałam taką siewkę szukającą jedzenia na błotnistej plaży w czasie odpływu.

Stoisz nieruchomo przed bramą, a najstarszy syn szarpie cię za rękę.
– Mamo!
Milczysz.
– Nie żyje?
Nie odpowiadasz. Patrzysz na ptaka, masz ponurą twarz.
– Mamo! Czy ten ptak nie żyje?
Spytała cię córka, która wybiegła na zewnątrz zainteresowana powstałym zamieszaniem, ale jej też nie odpowiadasz.

Dzwoni telefon.
– Mamo, to ciocia!
To pewnie Chi-hon. Bierzesz słuchawkę od swojej córki. Twoja twarz spochmurniała.
– Co mamy zrobić, skoro wyjeżdżasz?
Chi-hon pewnie znowu ma lecieć samolotem. Zrywasz się. Mam wrażenie, że twoje usta drżą. Nagle krzyczysz do telefonu: „Dość tego, za dużo… Za dużo!". Kochanie, nie jesteś tego rodzaju osobą. Dlaczego krzyczysz na siostrę?

Rzucasz słuchawką. Twoja siostra tak właśnie zachowywała się w stosunku do ciebie i do mnie. Telefon dzwoni ponownie. Wpatrujesz się w niego przez długi czas, a kiedy nie przestaje dzwonić, odbierasz.

– Przepraszam cię.

Masz łagodniejszy głos. Słuchasz cierpliwie tego, co twoja siostra mówi przez telefon. I znowu twarz czerwienieje. Zaczynasz od nowa krzyczeć: „Co? Do Santiago? Na miesiąc?". Jesteś cała czerwona ze złości.

– Pytasz mnie, czy możesz jechać? Dlaczego mnie pytasz, skoro już podjęłaś decyzję? Jak możesz mi to robić?

Twoja ręka trzęsie się, trzymając telefon.

– Dziś przed moją bramą leżał martwy ptak. Mam złe przeczucie. Myślę, że coś się stało mamie! Dlaczego jeszcze jej nie znaleziono? Dlaczego? I jak w takiej chwili możesz wyjeżdżać? Dlaczego wszyscy zachowują się w ten sposób? Ty też taka właśnie jesteś? Nie wiemy, gdzie jest mama, na dworze jest straszny mróz, a wy wszyscy robicie to, na co macie ochotę!

Kochanie, uspokój się. Musisz zrozumieć siostrę. Jak możesz tak mówić, skoro wiesz, przez co przechodziła przez ostatnie kilka miesięcy?

– Co? Chcesz, żebym się tym zajęła? Ja? Jak sądzisz, co mogę zrobić z trójką dzieci? Uciekasz, prawda? Bo to za duży stres dla ciebie. Zawsze taka byłaś.

Kochanie, dlaczego to robisz? Już było dobrze. Znów trzaskasz słuchawką o telefon i zaczynasz szlochać. Razem z tobą płacze najmłodsze dziecko. Ma czerwony nosek. Nawet czoło. Twoja córeczka też płacze. Najstarszy syn wychodzi ze swojego pokoju i przygląda się płaczącej trójce. Telefon dzwoni ponownie. Szybko odbierasz.

– Siostro… – łzy kapią ci z oczu. – Nie jedź! Nie jedź! Siostro! Chi-hon stara się ciebie uspokoić. To nie pomaga, więc mówi, że przyjedzie do ciebie. Odkładasz słuchawkę i siedzisz cicho ze spuszczoną głową. Najmłodsze dziecko wspina się na twoje kolana. Przytulasz je. Córka dotyka twojego policzka. Klepiesz ją po plecach. Najstarszy syn kuca przed tobą i pokazuje ci pracę domową z matematyki, aby cię uszczęśliwić. Głaszczesz go po włosach. Chi-hon wchodzi przez otwartą bramę.

– Och, mały Yun! – mówi Chi-hon i bierze od ciebie najmłodsze dziecko. Zawsze nieśmiały w stosunku do innych ludzi chłopiec stara się wyrwać z uścisku cioci.

– Zostań ze mną trochę – mówi Chi-hon, starając się przytulić małego, który wybucha płaczem. Chi-hon oddaje ci dziecko. W ramionach mamy uśmiecha się do cioci. Rzęsy ma mokre od płaczu. Chi-hon potrząsa głową i głaszcze policzek dziecka. Siostry siedzą razem w milczeniu. Chi-hon przez całą drogę biegła. Nie mogła cię uspokoić przez telefon, a teraz nic nie mówi. Wygląda okropnie. Jej twarz jest spuchnięta, duże oczy zwęziły się. Wygląda, jakby od dawna nie spała.

– Zamierzasz jechać? – zapytałaś siostrę po długim milczeniu.

– Nie.

Chi-hon kładzie się na sofie, twarzą w dół, jakby właśnie przeniosła wielki ciężar. Jest tak zmęczona, że nie potrafi zapanować nad swoim ciałem. Biedactwo. Udaje, że jest silna psychicznie, ale tak naprawdę w środku jest bardzo wrażliwa.

– Nie widzisz, że opadła jej głowa?

– Siostro! Śpisz? – potrząsasz ją za ramię, a potem delikatnie głaszczesz. Patrzysz na swoją śpiącą siostrę. Nawet wtedy, kiedy kłóciłyście się, będąc dziećmi, i tak byłyście bardzo spokojniutkie i słodkie. Gdy wchodziłam do pokoju, aby was skarcić, udawałyście, że śpicie, trzymając się za rączki. Idziesz teraz do swojej sypialni po koc, aby przykryć Chi-hon. Ta marszczy brwi. Jest taka beztroska. Nie powinna iść piechotą kawał drogi w takim stanie.

– Przykro mi, siostro... – szepczesz, a ona otwiera oczy i patrzy na ciebie.

Chi-hon mówi cicho, jakby szeptała sama do siebie:

– Wczoraj spotkałam się z jego matką. Kobietą, która może być moją teściową, jeśli weźmiemy ślub. Mieszka z córką, która prowadzi małą restaurację o nazwie Swiss. Nadal jest panną. Ich matka to bardzo niska i delikatna kobieta. Wszędzie chodzi za swoją córką. Nawet nazywa ją siostrą. Córka karmi matkę, myje i kładzie do łóżka. Zwraca się do niej jak do dziecka: „Jaka grzeczna dziewczynka", więc tamta zaczęła mówić do niej siostra. Kiedyś zapytała mnie: „Nie pobieracie się ze względu na naszą mamę? Nie martw się". Powiedziała mi, że chce nadal z nią mieszkać, udając jej starszą siostrę. Na urlop jeździ zawsze w styczniu. Wtedy ich mama zostaje w domu opieki, więc to jedyny raz, kiedy powinnam ją odwiedzić. Jego siostra powiedziała, że w ciągu ostatnich dwudziestu lat co rok brała miesięczny urlop w styczniu, wykorzystując zyski z restauracji. Wyglądała na zadowoloną, choć jej własna mama nazywała ją siostrą. Uśmiechnęła się ciepło, mówiąc: „Moja mama wychowywała mnie do tej pory, a teraz nastąpiła zamiana ról. To sprawiedliwe".

Przerywa i patrzy na ciebie.

– Powiedz mi coś o mamie.

– O mamie?

– Tak, coś o mamie, co tylko wiesz.

– Imię i nazwisko: Park So-nyo. Data urodzenia: 24 lipca 1938 roku. Wygląd: krótkie ondulowane włosy mocno przyprószone siwizną, wystające kości policzkowe, gdy zaginęła, miała na sobie niebieską bluzkę, biały żakiet i plisowaną beżową spódnicę. Ostatnio była widziana…
Oczy Chi-hon stają się coraz mniejsze, aż w końcu zamyka je zupełnie i zasypia.
– Ja nie znam mamy. Wiem tylko, że zaginęła.

Muszę już iść, ale nie wiem, jak to zrobić. Cały dzień minął, a ja tu nadal siedzę.

O nie.
Wiedziałam, że to się wydarzy. Taki widok można zobaczyć tylko w komedii. Mój Boże, jaki chaos. Jak możesz śmiać się w tej sytuacji? Twój najstarszy syn mówi coś do ciebie. Co on mówi? Co? Aha, chce jechać na narty. Powiedz mu, że nie może. Tak właśnie mówisz. Nadal nie był w stanie nadrobić szkolnych zaległości po powrocie do Seulu. W czasie ferii musi zostać w domu i uczyć się z tatą. Jeśli tego nie zrobi, będzie mu ciężko osiągnąć dobre wyniki w nauce. Kiedy mu to tłumaczysz, najmłodsze dziecko, które właśnie nauczyło się chodzić, zamierza dostać się pod stół. I już wyciąga rączkę po leżący tam ryż, by go zjeść. Musisz mieć oczy dookoła głowy. Rozmawiasz z synem, patrząc na niego, a twoje ręce w tym czasie zabierają malcowi pokryty kurzem ryż. Łzy pojawiają się w jego oczach, ale potem staje przy twoich nogach. Płynnym ruchem chwytasz go za rączkę, bo o mały włos by się przewrócił, tłumaczysz jednocześnie najstarszemu synowi, dlaczego ma się uczyć. Syn rozgląda się dookoła, być może w ogóle cię nie słucha. I zaczyna

krzyczeć: „Chcę wracać! Nie podoba mi się tutaj!". Twoja córka wybiega z pokoju, wołając: „Mamo!". Zaczyna narzekać, że jej włosy są splątane. Prosi cię o zaplecenie warkocza, ponieważ musi iść do szkoły. Twoje ręce zaczynają poprawiać włosy dziewczynki. Cały czas mówisz do najstarszego syna.

Ojej, wszyscy troje obsiedli cię dookoła.

Moja droga córko, słuchasz całej trójki dzieci naraz. Twoje ciało nauczyło się reagować na ich potrzeby. Sadzasz córkę przy stole i szczotkujesz jej włosy, a kiedy najstarszy syn nadal mówi, że chce jechać na narty, ty proponujesz, idąc na kompromis, że porozmawiasz o tym z tatą. Gdy najmłodsze dziecko upada, szybko odkładasz szczotkę na bok, aby pomóc mu wstać, masujesz stłuczony nosek, a następnie bierzesz szczotkę i kończysz czesanie córki. Potem odwracasz się, by wyjrzeć przez okno. Patrzysz na mnie siedzącą na drzewie pigwy. Nasze oczy spotykają się. Mówisz szeptem: „Nigdy wcześniej nie widziałam tego ptaka".

Twoje dzieci też na mnie patrzą.

– Może jest jakoś związany z tym ptakiem, który wczoraj zdechł przed bramą, mamo!

Córka chwyta cię za rękę.

– Nie… Tamten ptak tak nie wyglądał.

– Tak, tak właśnie wyglądał!

Wczoraj pochowałaś tego martwego ptaka właśnie pod tym drzewem. Najstarszy syn wykopał dół, a córka postawiła drewniany krzyż. Najmłodsze dziecko bardzo hałasowało. Podniosłaś ptaka i złożyłaś mu skrzydła. Gdy wkładałaś go do dołu, wykopanego przez najstarszego syna, twoja córka powiedziała: „Amen!". Potem zadzwoniła do taty do pracy i opowiedziała o pogrzebie. „Zrobiłam dla niego drewniany krzyż, tato!"

Wiatr szybko przewrócił drewniany krzyż.

Słuchając trajkotania swoich dzieci, podchodzisz do okna, aby lepiej mi się przyjrzeć. Dzieci idą za tobą i razem spoglądacie na mnie. Och, przestańcie tak na mnie patrzeć. Przepraszam. Kiedy się urodziłyście, troszczyłam się więcej o waszą mamę niż o was. Twoja córka obserwuje mnie, jej włosy są starannie splecione. Kiedy ty, moja wnuczko, urodziłaś się, twoja mama nie mogła karmić piersią. Po urodzeniu pierwszego syna została zwolniona ze szpitala przed upływem tygodnia, ale gdy ty przyszłaś na świat, nastąpiły jakieś komplikacje i musiała zostać w szpitalu ponad miesiąc. Opiekowałam się wtedy twoją mamą. Kiedy druga babcia przyjechała do szpitala, ty płakałaś. Powiedziała twojej mamie, żeby karmiła cię piersią, wtedy przestaniesz płakać. Patrzyłam na twoją mamę, jak przykłada cię do piersi, chociaż nie miała mleka, a potem na ciebie, maleńkiego noworodka. Kazałam nawet drugiej babci iść do domu, wyrwałam cię z rąk twojej mamy i uderzyłam cię w pupę. Ludzie mówią, że kiedy dziecko płacze, teściowa powie: „Dziecko płacze, należy je nakarmić", a matka powie: „Dlaczego dziecko tyle płacze i tylko męczy swoją mamę?". I ty dokładnie taka byłaś. Pewnie nie pamiętasz, ale bardziej lubiłaś drugą babcię niż mnie. Kiedy mnie widziałaś, mówiłaś: „Cześć babko!", ale gdy spotykałaś się z drugą babcią, wołałaś: „Babciu!". I szczęśliwa biegłaś w jej ramiona. Czułam się winna za każdym razem, kiedy myślałam, że pewnie pamiętasz to uderzenie w pupę.

Urosłaś i wypiękniałaś.

Zobacz, jakie masz gęste, czarne włosy. Każdy warkocz jest gruby. Wyglądasz tak samo, jak twoja mama, gdy była mała. Nigdy nie umiałam upleść warkocza twojej mamie. Ona zawsze chciała mieć długie włosy, ale ja obcinałam je na krótko. Nie miałam czasu, żeby wziąć ją na kolana i szczotkować włosy. Pewnie spełniała swoje marzenie z dzieciństwa, zapuszczając tobie włosy. Nawet teraz, patrząc na mnie, bawi się twoimi warkoczami. Ma zamglone oczy. Ojej, pewnie znowu myśli o mnie.

Słuchaj, kochanie. Słyszysz mnie w tym hałasie? Przyszłam cię przeprosić.

Proszę, wybacz mi moje spojrzenie, kiedy wróciłaś do Seulu z trzecim dzieckiem na ręku. Ten dzień, kiedy spojrzałaś na mnie z przerażeniem na twarzy, krzycząc: „Mamo!", stał się ciężarem dla mojego serca. Dlaczego tak było? Czy to dlatego, że nie planowałaś trzeciego dziecka? A może to dlatego, że wstydziłaś mi się powiedzieć, że będziesz miała trzecie dziecko, podczas gdy twoja starsza siostra nie była nawet mężatką? Z jakiegoś powodu ukryłaś fakt, że urodziłaś trzecie dziecko i z dala ode mnie przechodziłaś przez poranne mdłości. Dopiero przed samym porodem powiedziałaś mi, że będziesz miała kolejne dziecko. Po rozwiązaniu nie pomogłam ci w niczym, a kiedy przyjechałaś do nas, powiedziałam: „Co ty sobie myślisz? Co ty sobie myślisz, troje dzieci?".

Przepraszam, kochanie. Przepraszam ciebie i maleństwo. To twoje życie, a ty jesteś moją córką – córką z umiejętnością olbrzymiej koncentracji podczas rozwiązywania problemów. Oczywiście znalazłaś rozwiązanie i dla tej sytuacji. Zapomniałam przez chwilę, kim jesteś, i dlatego to powiedziałam. Przepraszam również za wszystkie inne nieświadome miny, które robiłam za każdym razem, kiedy wracałaś ze Stanów Zjednoczonych. Byłaś taka zajęta. Odwiedzałam cię raz na jakiś czas. Byłaś taka zajęta dziećmi. Pochłonięta sprzątaniem, karmieniem, podnoszeniem leżącego dziecka, zabieraniem tornistra od dziecka, które właśnie wróciło ze szkoły, przytulaniem drugiego, którego trzymałaś w ramionach. Nawet na dzień przed pójściem do szpitala na usunięcie guza macicy gotowałaś dla dzieci, żeby miały co jeść podczas twojej nieobecności. Nawet nie wiesz, jaki smutek mnie ogarnął, kiedy opiekowałam się nimi u ciebie w domu i otworzyłam drzwi do lodówki. Było tam starannie poukładane jedzenie dla dzieci na całe cztery dni. Wyjaśniłaś mi: „Mamo, daj im najpierw to, co jest na górnej półce, a następnego dnia to, co pod spodem...", podczas gdy twoje oczy zapadały się głęboko w twarz. Byłaś tego rodzaju osobą, która musiała zrobić wszystko własnymi rękami. Dlatego powiedziałam: „Co ty sobie myślisz?", kiedy urodziłaś trzecie dziecko. Na dzień przed twoją operacją zebrałam ubrania, które zdjęłaś w łazience, aby wziąć prysznic. Zobaczyłam kropelki soku śliwkowego na koszuli z postrzępionymi rękawami, a ramiączko starego biustonosza miało miliony niewyraźnych strzępków i nie mogłam rozpoznać, jaki wzór znajdował się na twojej bieliźnie. Byłaś zawsze schludnym i czystym dzieckiem, w przeciwieństwie do twojej starszej siostry. Zaraz musiałaś uprać swoje białe trampki, jeśli tylko pojawiło się na nich zabrudzenie wielkości ziarnka grochu. Zastanawiałam się, dlaczego tak dużo się uczyłaś, skoro zamierzałaś tak właśnie żyć. Moja kochana córko. Przypominam sobie, że zawsze lubiłaś się bawić z dziećmi, kiedy byłaś mała, w przeciwieństwie do Chi-hon. Bez wahania oddawałaś to, co chciałaś zjeść, dziecku sąsiada, jeśli tamto było głodne. Chociaż sama byłaś mała, kiedy widziałaś płaczące dziecko, podchodziłaś do niego, ocierałaś łzy i przytulałaś. Zupełnie zapomniałam, że taka właśnie byłaś. Byłam zła, widząc cię w starych ubraniach, z włosami związanymi z tyłu, zajętą i skupioną na wychowywaniu dzieci, nawet niemyślącą o powrocie do pracy. Przypomina mi się moment, gdy powiedziałam ci: „Jak możesz tak żyć?", podczas gdy ty ścierką myłaś podłogę w sypialni. Proszę, wybacz mi te słowa. Chociaż wtedy nie wydawało mi się, że rozumiesz moje słowa. Wolałam nie patrzeć, jak żyjesz, mając takie wykształcenie i talent, którego inni ci zazdrościli. Moja kochana córko. Z głową uniesioną do góry przyjmujesz wszystko jak jest i nie uciekasz od problemów, tylko odważnie idziesz przez życie, choć czasem byłam zła, że dokonałaś właśnie takich wyborów.

Kochanie.
Pamiętaj, że zawsze byłaś źródłem mojego szczęścia. Jesteś moim czwartym dzieckiem. Nigdy nie powiedziałam ci tego, ale dokładniej mówiąc, jesteś moim piątym dzieckiem. Przed tobą miałam syna, który odszedł na tamten świat zaraz po urodzeniu. Twoja ciotka odebrała poród i powiedziała mi, że to chłopak, ale dziecko nie płakało. Nie otworzyło oczu. Urodziło się martwe. Twoja ciotka oświadczyła, że znajdzie kogoś, kto je pochowa, ale ją zatrzymałam. Twojego ojca nie było wówczas w domu. Leżałam w moim pokoju przez cztery dni razem z martwym dzieckiem. Była zima. W nocy obserwowałam padający śnieg, który odbijał się na ciemnofioletowym papierze w oknie. Piątego dnia wstałam. Włożyłam martwe dziecko do glinianego słoja i zaniosłam w góry, gdzie je pochowałam. Osobą, która wykopała dół w zamarzniętej ziemi, nie był twój ojciec, ale ten mężczyzna. Gdyby to dziecko nie zmarło, miałabyś trzech starszych braci. A potem urodziłam ciebie, sama, bez niczyjej pomocy. Czy miałam jakiś

powód? Nie, nie było powodu. Kiedy powiedziałam, że urodzę cię sama, twoja ciotka obraziła się. Teraz łatwo mi o tym mówić, ale wtedy byłam bardziej przerażona tym, że urodzę martwe dziecko, niż samym porodem. Nie chciałam nikomu po sobie tego pokazać. Jeśli znowu urodziłabym martwe dziecko, chciałam je sama pochować, nie schodząc z gór. Kiedy zaczęłam mieć bóle porodowe, nie powiedziałam o tym nikomu. Przyniosłam ciepłą wodę do pokoju i posadziłam za moją głową twoją siostrę, która była jeszcze bardzo mała. Nawet nie krzyczałam, bo nie chciałam, aby ktoś się dowiedział. To na wypadek, gdybym znowu powiła martwego noworodka. Ale wyszłaś ty, ciepła i pozwijana. Kiedy uderzyłam cię w pupę przed umyciem, rozpłakałaś się. Patrząc na ciebie, twoja siostra zaczęła się śmiać. Powiedziała: „Dzidziuś", i pogłaskała twoje miękkie policzki. Pijana z radości, że urodziłaś się żywa, nawet nie czułam bólu. Później zorientowałam się, że mój język był cały we krwi. Tak właśnie się urodziłaś. Przyszłaś na ten świat, kiedy byłam pogrążona w smutku i rozproszyłaś moje obawy, że mogę urodzić kolejne martwe dziecko.

Kochanie.

Przynajmniej dla ciebie byłam w stanie zrobić wszystko, co robiły inne matki. Udało mi się karmić cię piersią przez ponad osiem miesięcy, ponieważ miałam dużo mleka. Wysłałam cię do przedszkola. Po raz pierwszy nasza rodzina mogła sobie na to pozwolić i udało mi się kupić ci pierwsze trampki zamiast gumowych butów. I zrobiłam ci naszywkę z twoim imieniem, kiedy szłaś do szkoły. Twoje imię było pierwszymi literami, jakie kiedykolwiek napisałam. Tak długo ćwiczyłam, żeby móc to zrobić. Do kieszonki włożyłam chusteczkę, a do mundurka dopięłam naszywkę z imieniem i sama zaprowadziłam cię do szkoły. Zastanawiasz się, dlaczego to taka wielka sprawa? To była wielka sprawa dla mnie. Kiedy Hyong-chol poszedł pierwszy raz do szkoły, nie było mnie przy nim. Na wszelki wypadek, gdybym musiała coś napisać. Podałam taki czy inny powód i posłałam go z twoją ciocią. Wciąż słyszę jego narzekania, że wszyscy przyszli z mamami, a on nie. Kiedy twój drugi brat szedł do szkoły, wysłałam go z Hyong-cholem. Z nim też wysłałam twoją starszą siostrę. Dla ciebie i tylko dla ciebie poszłam do miasta i kupiłam tornister oraz plisowaną spódnicę. Byłam taka szczęśliwa, że mogłam to zrobić. Poprosiłam kogoś o zrobienie ci biurka, choć było bardzo małe niczym taca. Twoja siostra nie miała biurka. Czasem wypomina mi, że ma zaokrąglone plecy, ponieważ musiała odrabiać pracę domową skulona na podłodze. Byłam bardzo dumna z ciebie, kiedy siedziałaś przy biurku, ucząc się i czytając. Kiedy przygotowywałaś się do egzaminów wstępnych na studia, nawet pakowałam ci jedzenie. A gdy uczyłaś się do sesji do późnego wieczora, czekałam na ciebie w szkole i odprowadzałam do domu. I bardzo mnie to cieszyło. Byłaś najlepszą uczennicą w naszym małym miasteczku.

Gdy przyjęto cię na najlepszy uniwersytet w Seulu, twoi nauczyciele z liceum powiesili tabliczkę z gratulacjami dla ciebie. Za każdym razem, gdy ktoś mi mówił: „Twoja córka jest taka zdolna!", uśmiech od ucha do ucha pojawiał się na mojej twarzy. Nawet nie wiesz, jaka byłam dumna z tego, że jestem twoją mamą. Inaczej zachowywałam się w stosunku do twojego rodzeństwa i mimo że oni również są moimi dziećmi, byłam bardziej dumna z ciebie niż z nich. Trochę się tego wstydziłam. Ale ty byłaś dzieckiem, które uwolniło mnie od tego strasznego uczucia, które nosiłam w sobie. Nawet wtedy, gdy poszłaś na studia i brałaś udział w demonstracjach[1], nie przeszkadzałam ci, tak jak twoim braciom. Nie przyszłam cię zobaczyć, kiedy brałaś udział w strajku głodowym w kościele w Myongdong. Kiedy na twojej twarzy pojawiły się pierwsze pryszcze – może z powodu gazu łzawiącego – po prostu zostawiłam cię w spokoju. I pomyślałam, że nie wiem dokładnie, co robisz, ale jestem pewna, że robisz to, co lubisz. Gdy ty i twoi znajomi przyjeżdżaliście, aby organizować kursy wieczorowe dla ludzi ze wsi, gotowałam dla was. Twoja ciotka powiedziała, że jeśli nic nie zrobię, zostaniesz opiekunką społeczną, ale ja pozwalałam ci na pełną swobodę. Nie mogłam tego samego zrobić dla twoich braci. Starałam się ich odwodzić od chodzenia na demonstracje. Kiedy w czasie zamieszek twój drugi brat został pobity przez policjanta, podgrzałam sól i położyłam ją na jego plecach, aby poczuł się lepiej, ale zagroziłam mu, że się zabiję, jeśli dalej będzie w nich uczestniczył. Po tych słowach bałam się, że twój brat pomyśli, że jestem głupia. Jestem pewna, że są rzeczy, które młodzi ludzie muszą robić, gdy są młodzi, ale starałam się go od tego powstrzymać. Z tobą tak nie postępowałam. Nawet nie wiedziałam, o jakie zmiany walczysz, więc nie próbowałam cię powstrzymać. Podczas któregoś roku akademickiego, w czerwcu, pamiętam, że nawet poszłam z tobą do ratusza na jakiś pogrzeb. Byłam wtedy w Seulu, ponieważ urodził się twój bratanek. Mam bardzo dobrą pamięć, prawda? To nie jest kwestia

---

[1] Lata sześćdziesiąte w Korei Południowej to okres wielu demonstracji różnych środowisk, w tym studenckich, niezadowolonych z prezydentury Lee Syng-mana, którego w końcu udało się obalić. Wydarzenia z kwietnia 1960 roku nazywane są przez Koreańczyków „rewolucją kwietniową".

pamięci, ponieważ był to jeden z tych dni, których się nie zapomina. Dla mnie był to taki właśnie dzień. Kiedy wychodziłaś z domu o świcie, popatrzyłaś na mnie i zapytałaś:
– Mamo, czy chcesz pójść ze mną?
– Gdzie?
– Tam, gdzie twój drugi syn chodził do szkoły.
– Dlaczego? To nawet nie jest twoja szkoła.
– Jest pogrzeb, mamo.
– No nie wiem... Dlaczego miałabym tam iść?
Spojrzałaś na mnie i już miałaś zamknąć drzwi za sobą, ale wróciłaś się. Składałam pieluchę twojego bratanka, a ty mi ją wyrwałaś z rąk.
– Chodź ze mną!
– Zaraz będzie śniadanie. Muszę ugotować zupę z wodorostów dla twojej szwagierki.
– Czy umrze, jeśli nie zje zupy z wodorostów przez jeden dzień? – zapytałaś ostro, w nietypowy sposób, i zmusiłaś mnie do przebrania się.
– Po prostu chcę iść z tobą, mamo. Chodźmy!
Podobały mi się te słowa. Nawet pamiętam ton twojego głosu – studentki mówiącej „Po prostu chcę iść z tobą, mamo". Po raz pierwszy widziałam tak wielu ludzi zgromadzonych w jednym miejscu. Jak nazywał się ten młody człowiek, który zmarł po uderzeniu puszką z gazem łzawiącym?[2] Mówiłaś, że miał zaledwie dwadzieścia lat. Pytałam cię o to wiele razy, a ty mi za każdym razem odpowiadałaś, ale trudno było mi to zapamiętać.

---

[2] Mowa tu o Kim Ju-yulu, studencie, którego zwłoki odkryto w porcie Mansan 11 kwietnia 1960 roku. Próbowano zataić, że młodzieniec zginął od gazu, ale sekcja zwłok potwierdziła, że został brutalnie zamordowany przez policję. Śmierć studenta spotęgowała już i tak wrogie nastawienie do komunistycznych rządów i przyczyniła się do jeszcze większej fali demonstracji wśród studentów, uczniów i profesorów.

Kim był ten młody człowiek, który sprawił, że zebrało się tak wiele osób? Szłam za tobą w kondukcie pogrzebowym obok ratusza i patrzyłam na ciebie, chwytając cię co chwila za rękę na wypadek, gdybym się zgubiła. Powiedziałaś mi: „Mamo! Jeśli się zgubimy, nie chodź dookoła. Po prostu stój w miejscu. Będzie nam łatwiej się odnaleźć".

Nie wiem, dlaczego przypomniałam sobie te słowa dopiero teraz. Powinnam o tym pamiętać, kiedy nie wsiadłam razem z ojcem do metra na stacji Seul.

Kochanie, to ty dałaś mi tak wiele dobrych wspomnień. Piosenki, które śpiewałaś, gdy szłyśmy i trzymałyśmy się za ręce, dźwięk głosów tych wszystkich ludzi skandujących to samo – nie mogłam tego zrozumieć, ale był to jedyny raz, kiedy wzięłam udział w tak niezwykłym wydarzeniu. Byłam ci wdzięczna, że mnie ze sobą zabrałaś. Wtedy nie byłaś tylko moją córką. Wyglądałaś zupełnie inaczej niż w domu. Zachowywałaś się jak dziki sokół. Po raz pierwszy poczułam, że twoja mowa jest zdecydowana, a głos masz stanowczy. Moja kochana córko. Za każdym razem, gdy przybyłam do Seulu, zabierałaś mnie gdzieś od reszty rodziny. Szłyśmy do teatru lub do grobów królewskich. Kiedyś zaprowadziłaś mnie do księgarni, w której sprzedawali płyty, i włożyłaś mi słuchawki na uszy. Dowiedziałam się od ciebie, że w Seulu jest takie miejsce zwane Kwanghwamun i że na świecie istnieją filmy i muzyka. Miałam nadzieję, że będziesz wiodła inne, lepsze życie. Ponieważ byłaś jedynym moim dzieckiem wolnym od ubóstwa, pragnęłam dla ciebie pełnej swobody. I ta twoja wolność pozwoliła pokazać mi ten nowy świat, więc chciałam, abyś miała jej jeszcze więcej. Pragnęłam, abyś była tak wolna, aby nie być uzależniona od innych.

Chyba już pójdę.

Ale, aha.
Twoje najmłodsze dziecko jest senne. Ślini się i przymyka oczy. Teraz, gdy dwoje starszych dzieci jest w szkole, w domu jest ciszej. Ale co to jest? W domu panuje kompletny bałagan. Mój Boże, nigdy nie widziałam tak brudnego domu. Chciałabym cię wyręczyć i posprzątać... Ale teraz nie mogę. Sama przysypiasz ze zmęczenia. Moja córka śpi, skulona wokół dziecka. Dlaczego tak bardzo się pocisz w środku zimy? Moja kochana córko. Proszę, zrelaksuj się. Zrobią ci się zmarszczki, jeśli będziesz spała z takim napiętym wyrazem twarzy. Twój dziewczęcy wygląd gdzieś odszedł. Młode oczy w kształcie półksiężyca stały się mniejsze. Teraz, nawet gdy się uśmiechasz, bystrość z czasów młodości znika z twojej twarzy. Ponieważ doczekałam się momentu, kiedy widzę twoje zmarszczki, mogę powiedzieć, że sama żyłam dość długo. Ale i tak, moja droga, nigdy nie domyśliłabym się, że chcesz tak żyć, z trójką dzieci. Bardzo różniłaś się od twojej starszej siostry, która traktowała wszystko bardzo emocjonalnie, szybko wpadała w gniew, płakała oraz siniała na twarzy, jeśli coś nie szło po jej myśli. Ty wszystko planowałaś i starałaś się działać zgodnie z wcześniejszym zamysłem. Kiedy powiedziałaś mi: „Nie wiedziałam, mamo, że będę miała troje dzieci... Ale teraz jestem w ciąży i muszę urodzić to dziecko", byłaś mi taka obca. Myślałam, że to Chin-hon będzie miała dużo dzieci. Nigdy się nie złościłaś. Spośród całego rodzeństwa byłaś jedyna, która umiała opowiadać o różnych rzeczach spokojnie, punkt po punkcie, nawet komuś, kto był bardzo zdenerwowany. Więc dlatego myślałam, że rozważysz, czy mieć dziecko, a jeśli tak, to tylko jedno. Nigdy

nie prosiłaś o nic, w przeciwieństwie do twojej starszej siostry, która wpadała w złość, kiedy chciała mieć biurko podobne do takich, jakie mieli wasi bracia. Kiedy zapytałam, co robisz pochylona nad podłogą, mówiłaś: „Odrabiam lekcję z matematyki". Twoja siostra nigdy nawet nie spojrzała na książkę od matematyki. A ty byłaś bardzo dobra z tego przedmiotu. Byłaś dzieckiem z niezwykłą umiejętnością koncentracji podczas odrabiania prac domowych ze ścisłych przedmiotów. Po rozwiązaniu zadania szczerze się uśmiechałaś.

Ale nie umiesz znaleźć odpowiedzi na pytanie, dlaczego mi się to przydarzyło. Z tego powodu pewnie cierpisz. Ze względu na troje swoich dzieci nie możesz mnie szukać tak, jakbyś chciała. Możesz jedynie zadzwonić do siostry codziennie wieczorem i pytać: „Siostro, nie było dzisiaj żadnych wiadomości o mamie?". Moja kochana córko. Ze względu na dzieci nie mogłaś szukać mnie tak, jak chciałaś, i nie mogłaś płakać tyle, ile byś chciała. A ja ostatnio nie mogłam ci pomóc tyle, ile bym pragnęła, ale w momentach jasności umysłu myślałam o tobie bardzo dużo. O tym, jak musisz wychować troje dzieci, w tym najmłodsze, które potrzebuje najwięcej opieki, bo dopiero uczy się chodzić. O twoim życiu. Czułam żal, że jedyne, co mogę zrobić dla ciebie, to wysłać wam trochę *kimchi*. Moje serce prawie pękło, kiedy przyszłaś do mnie w odwiedziny i powiedziałaś z uśmiechem, zdejmując buty: „Mamo, patrz, założyłam dwie różne skarpetki". Jak bardzo musisz być zajęta, skoro zawsze taka czysta i schludna, teraz nie mogłaś znaleźć czasu, aby włożyć pasujące do siebie skarpetki. Czasami, w chwilach jasności umysłu, myślałam o rzeczach, które musiałam zrobić dla ciebie i twoich dzieci. I to dawało mi siłę do życia... Ale potem sprawy przybrały inny obrót.

Chcę zdjąć te niebieskie plastikowe sandały – obcasy są już zdarte – i moje zakurzone letnie ubranie. Teraz chcę uciec od tego niechlujnego wyglądu, nie mogę nawet sama siebie rozpoznać. Czuję, jakby moja głowa miała za chwilę pęknąć. Teraz, moja droga, podnieś głowę nieco. Chcę cię przytulić. Zaraz idę. Połóż się na chwilę. Połóż głowę na moich kolanach. Odpocznij. Nie smuć się z mojego powodu. Dałaś mi wiele szczęścia.

O, tu jesteś.

Kiedy pojechałam do twojego domu w Komso, drewniana brama z widokiem na plażę była zepsuta, a drzwi do sypialni zamknięte. Musiał stać pusty przez długi czas. Dlaczego zamknąłeś sypialnię, a zostawiłeś otwarte drzwi do kuchni? Wiatr od oceanu trzaskał nimi, otwierając je i zamykając, aż zniszczył je mocno.
Ale dlaczego jesteś w szpitalu? I co robi lekarz? Nie pomaga ci, tylko zadaje głupie pytania. Ciągle pyta cię o twoje imię. Dlaczego to robi? I dlaczego nie mówisz mu, jak się nazywasz? Wystarczy powiedzieć Lee Eun-gyu, więc dlaczego mu nie odpowiadasz, a on pyta cię znowu i znowu? Dlaczego lekarz to robi? Teraz trzyma łódkę i pyta, czy wiesz, co to jest? Czy to żart? To łódka. Co on ma na myśli, mówiąc, czy wiesz, co to jest? Dziwnie się zachowujesz. Dlaczego nie odpowiadasz? Och, naprawdę nie wiesz? To znaczy, że zapomniałeś, jak się nazywasz? Nie wiesz, że ta zabawka to łódka, naprawdę?
Lekarz pyta ponownie.
– Ile masz lat?
– Sto!

– Nie, proszę mi powiedzieć, ile masz lat.
– Dwieście!
Naprawdę musisz być w złym humorze. Dlaczego masz dwieście lat? Jesteś pięć lat młodszy ode mnie, więc masz... Lekarz pyta ponownie, jak masz na imię.
– Shin Gu!
– Proszę, pomyśl dokładnie.
– Baek Il Sub!
Czy mówisz o moich ulubionych aktorach?
– Proszę tego nie robić, proszę chwilę pomyśleć i powiedzieć nam, co to jest.
Szlochasz. Co się dzieje? Dlaczego tu jesteś i dlaczego zadają ci te głupie pytania? Dlaczego płaczesz i nie jesteś w stanie na nie odpowiedzieć? Nigdy wcześniej nie widziałam, jak płaczesz. To ja płakałam. Widziałeś moje łzy tak wiele razy, a ja twoje widzę po raz pierwszy.
– Teraz, proszę, powiedz mi jeszcze raz swoje imię!
Milczysz.
– Jeszcze raz!
– Park So-nyo!
To nie jest twoje imię, to moje. Pamiętam dzień, w którym zapytałeś mnie, jak się nazywam. Byłam wówczas młoda. Nigdy nie myślałam, że spotkaliśmy się w młodości, ale kiedy przypominam sobie nasze pierwsze spotkanie, widzę twoją młodą twarz. Pewnym późnym popołudniem szłam z młyna do domu nową drogą, a na głowie niosłam niklowaną miskę wypełnioną mąką. To była miska, którą kupił mi Kyun. Moje młodzieńcze kroki szybko prowadziły mnie do domu, aby ugnieść ciasto z mąki i ugotować zupę dla dzieci. Do domu od młyna szło się cztery lub pięć *ri*, przez most. Moje czoło

pokryło się potem od ciężaru. Przejechałeś koło mnie na rowerze, a potem zatrzymałeś się i zawołałeś: „Przepraszam".
Szłam dalej, patrząc przed siebie. Moja pierś o mało nie wyskoczyła z *chogori*, którą miałam na sobie.
– Zdejmij miskę z głowy i daj mi ją. Podwiozę ją dla ciebie na rowerze.
– Czy mogę zaufać obcej osobie?
Powiedziałam tak, ale moje młodzieńcze kroki zwolniły. Faktycznie, miska była tak ciężka, że miałam wrażenie, że głowa zaraz mi pęknie. Podłożyłam pod nią chustę, ale nadal czułam, jakby moje czoło i nos miały się rozpaść.
– I tak nie mam nic na rowerze. Gdzie mieszkasz?
– We wsi, za mostem…
– Przy wjeździe do wsi jest sklep, prawda? Zostawię tam miskę, więc daj mi ją, a ty będziesz mogła iść swobodnie. Jest ciężka, a ja mam rower i nie mam nic ze sobą. Jak położysz naczynie na ziemi, będziesz mogła szybciej iść i szybciej wrócisz do domu.
Patrzyłam na ciebie, kiedy schodziłeś z roweru, koniuszek chusty, którą umieściłam na głowie pod miską, zasłaniał moją twarz. W porównaniu do ojca Hyong-chola wyglądałeś skromnie, zarówno wtedy, jak i teraz. Byłeś blady, jakbyś nie przepracował ani jednego dnia w życiu, a twoja długa końska twarz i zapadnięte oczy nie były ładne. Proste, grube brwi nadawały ci szczery wyraz twarzy. A usta sprawiały, że wyglądałeś na kogoś, komu można zaufać i kogo można szanować. Twoje oczy, patrzące na mnie spokojnie, były mi znane, jakbym je gdzieś wcześniej widziała. Nie chciałam ci oddać miski i zamiast tego przyglądałam się twojej twarzy. Zacząłeś z powrotem wsiadać na rower.

– Nie mam złych intencji. Chciałem tylko pomóc, bo widzę, że ci ciężko. Ale nie będę cię zmuszał, skoro nie chcesz. Zahamowałeś. Wtedy pośpiesznie ci podziękowałam i zdjęłam z głowy miskę. Patrzyłam, jak rozwiązujesz grube gumowe wiązania z tyłu roweru i zabezpieczasz nimi naczynie.

– Zostawię to w sklepie!

Pojechałeś w dół aleją. Mężczyzna, którego właśnie spotkałam, wiózł żywność dla moich dzieci. Zdjęłam chustę owiniętą wokół głowy i strzepałam kurz ze spodni, patrząc jak znikasz na rowerze. Pył, który zaczął się unosić, otoczył cię, a ja przecierałam oczy rękami i patrzyłam, jak znikasz w oddali. Poczułam ulgę – ciężar z mojej głowy zniknął. Szłam wzdłuż alei, kołysząc lekko ramionami. Przyjemna bryza przenikała moje ubranie. Nie pamiętałam, kiedy ostatni raz szłam sama, nie mając nic w rękach, na głowie lub na plecach. Patrzyłam na ptaki lecące na wieczornym niebie, nuciłam piosenkę, którą w młodości śpiewałam razem z mamą, i udałam się w kierunku sklepu. Już z daleka szukałam wzrokiem miski. Patrzyłam na drzwi sklepu, kiedy się do niego zbliżałam, ale jej tam nie było. Nagle moje serce zaczęło bić szybciej. Przyspieszyłam kroku. Bałam się spytać kobiety w sklepie, czy ktoś zostawił dla mnie miskę. Jeślibyś zostawił, widziałabym ją... Z chustą w ręku pobiegłam w kierunku właścicielki sklepu, która patrzyła na mnie, zastanawiając się, co się dzieje. Wtedy zdałam sobie sprawę, że ukradłeś obiad dla moich dzieci. Łzy wypełniły mi oczy. Dlaczego dałam ci naczynie, w którym było jedzenie dla moich dzieci? Dlaczego zaufałam obcemu człowiekowi? Co ja sobie myślałam? Dlaczego to zrobiłam? Ciągle czuję ten strach na widok znikającego roweru. Nie mogłam wrócić do domu z pustymi rękami. Musiałam za wszelką cenę znaleźć tę miskę. Kiedy nabierałam zboże na śniadanie tego dnia rano, usłyszałam drapanie łyżki o dno naczynia. Nie mogłam się poddać, wiedząc, że w misce jest tyle mąki, że wystarczy na dziesięć dni. Szłam dalej, szukając ciebie i roweru, którym musiałeś przejechać obok sklepu. Szłam dalej i dalej, pytając każdego, kogo spotkałam, czy widział mężczyznę, który wyglądał jak ty. Wkrótce dowiedziałam się, kim jesteś. Byłeś nieostrożny. Nawet nie mieszkałeś daleko. Kiedy dowiedziałam się, że zajmujesz dom z niskim dachem, około pięciu *ri* za wioską przed drogą prowadzącą do miasteczka, pobiegłam tam. Chciałam cię odnaleźć, zanim zużyjesz całą zawartość miski.

Gdy ujrzałam rower oparty o zaniedbany dom, pobiegłam krzycząc: Aaaaaah! I wtedy to wszystko ujrzałam. Twoja stara matka z zapadniętymi oczami siedziała na zniszczonej werandzie, trzyletni syn ssał palec, a żona właśnie rodziła. Przyszłam, aby odebrać miskę, którą mi ukradłeś, lecz kiedy to zobaczyłam, zdjęłam z półki garnek i w ciemnej, wąskiej kuchni zagotowałam wodę. Odepchnęłam cię na bok, ponieważ nie wiedziałeś co robić, kręcąc się obok żony, i złapałam ją za rękę, mimo że nigdy wcześniej jej nie widziałam, i zaczęłam krzyczeć: „Przyj! Przyj mocniej!". Nie wiem, ile czasu minęło, aż usłyszeliśmy płacz dziecka. Nie mieliście ani odrobiny wodorostów, abym mogła ugotować zupę dla twojej żony. Twoja stara matka była ślepa i wyglądała, jakby była już w drodze na tamten świat. Odebrałam poród i nałożyłam trochę mąki z miski, ugniatając ciasto do zupy. Potem nalałam ją do miseczki i zaniosłam do pokoju, w którym była matka dziecka. Ile lat minęło, od kiedy położyłam miskę z powrotem na głowie i wróciłam do domu? Czy ten mężczyzna obok ciebie to chłopiec, którego poród wtedy przyjęłam? Teraz

wyciera twoje dłonie. Każe ci się obrócić i wyciera twe plecy. To było dawno temu. Twoja napięta szyja jest pomarszczona. Nie masz już grubych brwi i nie poznaję twoich ust. Zamiast lekarza teraz mówi twój syn:
– Ojcze! Jak masz na imię? Czy wiesz, jak masz na imię?
– Park So-nyo.
Nie, to jest moje imię.
– Kim jest Park So-nyo? Ojcze?
Także jestem ciekawa, kim jestem dla ciebie? Kim byłam dla ciebie?

Siedem lub osiem dni później nadal nie mogłam zapomnieć o tym, co się stało, więc wzięłam wodorosty i poszłam do twojego domu. Nie było w nim już twojej żony. Powiedziałeś mi, że po porodzie przez trzy dni miała wysoką gorączkę i w końcu odeszła z tego świata. Była tak niedożywiona, że nie dała rady przeżyć. Twoja niewidoma, stara matka siedziała na zniszczonej werandzie i nie wiadomo było, czy wie, co się dzieje. I twój trzyletni syn. Przypuszczam, że ten człowiek, który stoi przy łóżku, jest właśnie tym dzieckiem, które się wtedy urodziło.

Nie wiem, kim byłam dla ciebie, ale ty byłeś moim przyjacielem przez całe życie. Kto by przypuszczał, że będziemy przyjaciółmi przez te wszystkie lata, odkąd po raz pierwszy się spotkaliśmy? Byłam rozczarowana kradzieżą miski z mąką dla moich dzieci. Nasze dzieci nie zrozumiałyby nas. Łatwiej byłoby im pojąć, że setki tysięcy ludzi zginęło w czasie wojny, niż to, co było między nami. Chociaż wiedziałam, że twoja żona zmarła, nie mogłam po prostu wyjść, więc zamoczyłam w wodzie wodorosty. Z pozostałej mąki, którą ci dałam tamtego dnia, zrobiłam ciasto i ugotowałam zupę. Chciałam już odejść, ale zatrzymałam się i przystawiłam noworodka do piersi, choć nie miałam wystarczającej ilości mleka dla własnej córki. Chodziłeś po wsi z dzieckiem, szukając kogoś, kto go nakarmi. Życie jest czasem niezwykle łaskawe, a czasem przerażająco brutalne. Moja najstarsza córka mówi, że kiedy kosi się chwasty za pomocą traktora, te przyczepiają się do jego kół. I nawet w momencie, kiedy są wyrywane, rozsiewają swoje nasiona. Maluch łapczywie pił mleko. Ssał tak mocno, że czułam, jakby zaraz miał mnie wessać, więc klepnęłam go w tyłek, który był jeszcze czerwony od porodu. To nie zadziałało, więc musiałam siłą odjąć go od piersi. Dziecko, które straciło mamę zaraz po narodzinach, intuicyjnie nie chce oderwać się od piersi, która go karmi. Położyłam go i miałam już wyjść, kiedy zapytałeś mnie, jak się nazywam. Byłeś pierwszą osobą, która, od kiedy wyszłam za mąż, zapytała o moje imię. Nagle nieśmiało schyliłam głowę.

– Park So-nyo.

Zaśmiałeś się wtedy. Nie wiem dlaczego, ale chciałam, żebyś zaśmiał się jeszcze raz. I mimo że nie spytałeś, powiedziałam, że moja starsza siostra ma na imię Tae-nyo, co oznacza dużą dziewczynkę. Nasze imiona to Mała Dziewczynka i Duża Dziewczynka. Znów się roześmiałeś. Wtedy powiedziałeś, że masz na imię Eun-gyu, a twój starszy brat – Kum-gyu. I że twój ojciec dał wam imiona, które zawierały słowa srebro i złoto, z nadzieją, że będziecie zarabiać pieniądze i żyć bogato. Ciebie nazwał Srebrna Moneta, a twojego brata – Złota Moneta. Może dlatego twojemu bratu – Złotej Monecie – wiodło się odrobinę lepiej niż tobie, Srebrnej Monecie. Tym razem ja się zaśmiałam. A ty razem ze mną. Wyglądasz lepiej, kiedy się śmiejesz. Więc nie krzyw się tak przed lekarzem i uśmiechnij się. Uśmiech nie kosztuje ani grosza.

Dopóki twoje dziecko nie skończyło trzech tygodni, chodziłam do twojego domu raz dziennie i karmiłam je piersią. Czasami wcześnie rano, czasami w środku nocy. Czy byłam ciężarem dla ciebie? Tyle mogłam wtedy dla was zrobić. Potem przez trzydzieści lat chodziłam do ciebie, gdy było mi źle. Myślę, że zaczęłam chodzić do ciebie po tym, co się stało z Kyunem. Bo ja po prostu chciałam umrzeć. Bo myślałam, że będzie lepiej, jak umrę. Wszyscy utrudniali mi życie, tylko ty nie pytałeś o nic. Powiedziałeś mi, aby iść naprzód. Po pewnym czasie każda rana się zagoi. Nie powinnam myśleć o niczym, tylko spokojnie robić to, co mam do zrobienia. Gdyby cię wtedy nie było, nie wiem, co by się ze mną stało. Byłeś jedyną osobą, która pochowała ze mną moje czwarte, martwe dziecko w górach. Czy przeprowadziłeś się do Komso, bo miałeś mnie już dość? Nie byłeś stworzony do mieszkania nad wodą i zajmowania się rybołówstwem. Miałeś uprawiać ziemię i siać nasiona. Nie miałeś własnej ziemi, więc uprawiałeś ziemię kogoś innego. Powinnam wiedzieć, że wyprowadziłeś się do Komso, ponieważ trudno ci było dłużej mnie znosić. Wiem, że byłam okropna dla ciebie.

Pierwsze spotkanie jest bardzo ważne. W głębi duszy zawsze myślałam, że dużo mi zawdzięczasz. Wykorzystywałam więc to. Odnalazłam cię po kradzieży mojej miski i po przeprowadzce do Komso, o której mi nie powiedziałeś. Nie nadawałeś się do tego miejsca. Tak myślałam, stojąc nad brzegiem morza. Wciąż widzę wyraz twojej twarzy wśród pól pełnych soli nad oceanem. Nigdy nie udało mi się zapomnieć tej miny, jakbyś chciał powiedzieć: „Nawet tu mnie odnalazła?".

Komso stało się miejscem, o którym nie mogłam zapomnieć z twojego powodu. Zawsze szukałam cię, gdy działo się coś, z czym nie mogłam sobie poradzić sama. A kiedy wracał spokój umysłu, zapominałam o tobie. Ujrzawszy mnie w Komso, od razu zapytałeś: „Co się stało?". Wiedz, że wtedy po raz pierwszy poszłam zobaczyć ciebie. Chciałam się spotkać z tobą nie dlatego, że przydarzyło mi się coś złego.

Poza tą jedyną ucieczką do Komso zawsze byłeś w tym samym miejscu, dopóki nie przestałam cię potrzebować. Dziękuję ci za to, że byłeś blisko. Być może dzięki temu byłam w stanie dalej żyć. Przepraszam, że nachodziłam ciebie za każdym razem, kiedy czułam się niespokojna, i za to, że nie pozwalałam ci nawet potrzymać mnie za rękę. Chociaż to ja szłam do ciebie, w momencie, gdy ty chciałeś się zbliżyć, stawałam się niemiła. To nie było ładne z mojej strony. Przepraszam, przepraszam cię za to. Początkowo nasza znajomość była przypadkowa. Potem czułam, że nie powinniśmy być blisko ze sobą, a później byłam już za stara. Stałeś się moim grzechem i moim szczęściem. Chciałam się czuć przy tobie godnie.

Czasem mówiłam ci o jakichś przeczytanych historiach, które naprawdę czytała mi moja córka, a ja tylko ci je przekazywałam. Kiedyś powiedziałam ci, że jest takie miejsce zwane Santiago w kraju o nazwie Hiszpania. Spytałeś: „Gdzie to jest?". Z trudnością zapamiętałeś tę nazwę. Powiedziałam ci, że jest tam szlak dla pielgrzymów, którzy przechodzą go w trzydzieści trzy dni. Moja córka chciała tam pojechać. Dlatego opowiedziała mi o tym miejscu, ale ja mówiłam, jakbym to ja chciała je odwiedzić. I wówczas powiedziałeś: „Jeśli chcesz tak bardzo tam jechać, wybierzmy się kiedyś razem". Moje serce zmiękło, kiedy usłyszałam, jak mówisz, że powinniśmy pojechać tam razem. Myślę, że po tym właśnie dniu postanowiłam nie wracać do ciebie. Prawdę mówiąc, nie wiem, gdzie jest to miejsce, i nie chcę tam jechać.

Czy wiesz, co się dzieje z wydarzeniami z przeszłości? Gdy zapytałam o to moją córkę, mimo że to ciebie chciałam zapytać, odpowiedziała mi: „To bardzo dziwne, że mówisz coś takiego, mamo", i dodała: „One przenikają do teraźniejszości, nie znikają". Co za trudne słowa! Czy rozumiesz, co to znaczy? Powiedziała, że wszystkie minione wydarzenia przenikają do teraźniejszości, że stare sprawy mieszają się z bieżącymi, a bieżące łączą się z przyszłością, która zaś jest połączona z minionymi wydarzeniami, tylko że my tego nie czujemy.

Czy uważasz, że to, co się teraz dzieje, jest związane z tym, co wydarzyło się w przeszłości, i z tym, co będzie w przyszłości, tylko że my tego nie odczuwamy? Nie wiem, czy to prawda. Czasem, gdy patrzę na moje wnuki, myślę, że wzięły się nie wiadomo skąd i że nie mają ze mną nic wspólnego.

Czy rower, na którym cię widziałam podczas naszego pierwszego spotkania, który skradłeś i zanim mnie zobaczyłeś, chciałeś go wymienić na odrobinę wodorostów, przeniknął gdzieś w teraźniejszość? I to, że nie udało ci się go sprzedać, więc odstawiłeś go do miejsca, z którego go ukradłeś, ale właściciel złapał cię i miałeś potem kłopoty? Czy te wszystkie wydarzenia zostały zapisane na kartach przeszłości i doprowadziły nas aż tutaj?

Wiem, że po tym, jak zaginęłam, szukałeś mnie. Wiem, że choć nigdy nie byłeś w Seulu, to przybyłeś na stację metra i chodziłeś po niej, zatrzymując osoby, które wyglądały jak ja. I że byłeś wiele razy w moim domu, mając nadzieję usłyszeć jakąś wiadomość o mnie. Że chciałeś spotkać się z moimi dziećmi i usłyszeć, co się stało. Czy dlatego się tak rozchorowałeś?

Masz na imię Lee Eun-gyu. Kiedy lekarz znowu zapyta o twoje nazwisko, nie mów Park So-nyo, tylko Lee Eun-gyu. Muszę już iść. Byłeś moją tajemnicą. Byłeś w moim życiu kimś, kogo obecności nigdy nie domyśliliby się moi bliscy. Choć nikt nie wiedział o twoim istnieniu, to ty przyciągnąłeś mi tratwę i pomagałeś bezpiecznie przepłynąć przez duży prąd rzeki. Cieszyłam się, że ze mną byłeś. Przyszłam ci powiedzieć, że udało mi się przejść przez życie, ponieważ mogłam liczyć na ciebie, kiedy ogarniał mnie smutek.

Pójdę już.

W domu panuje przenikliwy ziąb.

Dlaczego zamknąłeś drzwi? Powinieneś zostawić otwarte, aby dzieci z sąsiedztwa mogły przyjść pobawić się. Nigdzie nie ma śladu ciepła. Nikt nie odgarnął śniegu, mimo że napadało go dużo. Podwórko jest zasypane białym puchem. Sople lodu wiszą wszędzie, gdzie to tylko możliwe. Gdy dzieci podrosły, zrywały sople i walczyły nimi na miecze. Przypuszczam, że nikt nie dba o ten dom, bo mnie tu już nie ma. Od dawna nikt nie przychodzi w odwiedziny. Twój motocykl stoi oparty o szopę. Mój Boże, on także jest pokryty soplami lodu. Chciałabym, żebyś przestał na nim jeździć. Kto jeździ na motocyklu w twoim wieku? Czy myślisz, że jesteś jeszcze młody? Znów ci dokuczam – to mój nawyk. Ale muszę przyznać, że wyglądasz dostojnie na motocyklu, nie jak wieśniak. Kiedy byłeś młody i pojechałeś na nim do miasta, z rozwianymi włosami, ubrany w skórzaną kurtkę, wszyscy się za tobą oglądali. Chyba mamy gdzieś zdjęcie z tamtego okresu... Wisi w ramce nad drzwiami sypialni... O, tam jest. Nie miałeś wtedy nawet trzydziestu lat. Twoja twarz jest pełna pasji, ale teraz to już nie ma znaczenia.

Pamiętam dom, w którym mieszkaliśmy jeszcze przed przebudową. Kochałam go. Chociaż teraz, mówiąc „kochałam", nie sądzę, że była to tylko miłość. Mieszkaliśmy w nim czterdzieści lat. Ja byłam w nim zawsze, ty tylko czasami. Bywało, że nie miałam od ciebie wiadomości, jakbyś miał już nie wrócić, po czym niespodziewanie pojawiałeś się w drzwiach. Może właśnie dlatego widzę stary dom przed sobą, jakby był oświetlony. Pamiętam wszystko, wszystkie wydarzenia, które miały miejsce w tym domu. Chwile z lat, kiedy dzieci się rodziły, kiedy czekałam na ciebie, zapominałam o tobie i nienawidziłam cię, i znów czekałam. Teraz dom jest pozostawiony sam sobie. Nie ma tu nikogo i tylko biały śnieg pokrywa podwórko.

Dom jest takim osobliwym miejscem. Wszystko się zużywa. Ale nic takiego nie dzieje się z domem, w którym mieszkają ludzie. Nawet dobry dom rozpada się szybko, gdy nikt do niego nie przychodzi. Dom żyje tylko wtedy, gdy są w nim ludzie, zamiatają go i mieszkają. Spójrz, brzeg dachu załamał się pod ciężarem śniegu. Na wiosnę będziesz musiał zadzwonić do kogoś, kto by naprawił dach. W szafce w salonie pod telewizorem jest wizytówka z nazwą i numerem firmy, która naprawia dachy, ale nie wiem, czy o tym wiesz. Jeśli zadzwonisz do nich, przyjdą i zajmą się wszystkim. Nie można zostawiać na zimę pustego domu. Nawet jeśli nikt w nim nie mieszka, raz na jakiś czas trzeba przyjść i włączyć ogrzewanie.

Pojechałeś do Seulu? Szukasz mnie tam?

W pokoju, w którym umieściłam książki przysłane przez Chi-hon, gdy wyjeżdżała do Japonii, jest także bardzo zimno. Wszystkie wyglądają jak zamrożone. Pokój ten stał się moim ulubionym pomieszczeniem w domu. Kiedy wiedziałam, że rozboli mnie głowa, przychodziłam tutaj, żeby się położyć. Początkowo wydawało mi się, że zaraz będzie lepiej. Nie mówiłam ci, że cierpię z bólu. Jak tylko otwierałam oczy, ból wzmagał się i nie mogłam nawet gotować, ale ja nie chciałam być twoją pacjentką. Przez to wiele razy byłam samotna. Szłam do pokoju z książkami i kładłam się. Pewnego dnia, trzymając się za zbolałą głowę, obiecałam sobie, że przeczytam przynajmniej jedną książkę, którą napisała Chi-hon, zanim wróci z Japonii. I szłam uczyć się czytać. Długo jednak nie dawałam rady, bo mój stan szybko się pogarszał. Czułam się samotna, gdyż nie mogłam powiedzieć, że chcę nauczyć się czytać. Uraziłoby to moją dumę, gdybym coś takiego powiedziała. Kiedy się w końcu nauczyłam czytać, chciałam jeszcze zrobić coś więcej niż samodzielne czytanie książek mojej córki. Pragnęłam napisać list pożegnalny do każdej osoby w rodzinie, zanim stanę się tym, kim teraz jestem.

Wiatr wieje tak mocno. Roznosi śnieg po podwórku.

Letnie wieczory, kiedy rozpalaliśmy ognisko i przyrządzaliśmy bułeczki na parze, były najlepszymi chwilami na tym podwórku. Hyong-chol zbierał kompost i rozpalał ognisko, które chroniło nas przed komarami, a młodsze dzieci wskakiwały na drewniany podest i czekały na gorące bułeczki. Kiedy wyjęłam z garnka gotowe smakołyki i położyłam je na tacy z wikliny, ręce chwytały je z szybkością błyskawicy i wszyscy rozpraszali się z garścią bułeczek. Mniej czasu zajęło dzieciom zjedzenie ich, niż mnie gotowanie. Dokładałam podpałkę do ognia i patrzyłam, jak dzieci leżą na ganku i czekają na kolejne porcje. Byłam trochę przerażona ich wilczym apetytem. Jak mogły tak szybko jeść? Mimo że palił się ogień, komary nieustannie gryzły mnie w ramiona i uda. Noc stawała się coraz ciemniejsza, a dzieci wciąż czekały na dokładkę. W te letnie wieczory, w oczekiwaniu na kolejną porcję, jedno po drugim zasypiały, przytulając się do siebie. Podczas gdy tak się pospały, ja kończyłam gotować resztę bułek, wkładałam je do koszyka i zostawiałam na ganku, i sama szłam na spoczynek. Poranna rosa perliła się na bułeczkach, delikatnie je utwardzając. Jak tylko dzieci się budziły, przyciągały kosz i zaczynały jeść od nowa. Dlatego moje dzieci wciąż lubią zimne bułki na parze, lekko utwardzone. Takie były te letnie noce. Gwiazdy wylewały się z nieba.

Kiedy wędrowałam po ulicach, nie mogłam sobie przypomnieć niczego. Moje myśli były rozmyte, ale w głębi czułam, że brakuje mi naszego domu. Nie wiesz, jak bardzo brakowało mi – podwórka, ganku, ogrodu i studni. Po pewnym czasie wędrówki usiadłam na ulicy i narysowałam na ziemi to, co przyszło mi do głowy. Był to nasz dom. Narysowałam bramę, ogród kwiatowy, słoiki, ganek. Nie mogłam sobie przypomnieć niczego z wyjątkiem domu, ale tego pierwszego, w którym razem zamieszkaliśmy, z tradycyjną kuchnią i tylnym podwórzem w cieniu liści oraz z szopą obok chlewni. Ta niebieska, podwójna, żelazna brama z odpadającą farbą. Brama tego domu miała małą mozaikę po lewej stronie i skrzynkę na listy po prawej. Tylko kilka razy zdarzyło się, że oba skrzydła bramy były otwarte naraz, ale tylko mniejsze drzwi z mozaiką i z drewnianą rączką były zawsze otwarte na alejkę. Nigdy ich nie zamykaliśmy. Nawet jeśli nie było nas w domu, dzieci z sąsiedztwa przechodziły przez te drzwi i bawiły się na naszym podwórzu do zachodu słońca. Po lekcjach moja córka wracała ze szkoły, wspinała się na rower stojący pod drzewem śliwy i pedałowała. Kiedy wracałam, schodziła z werandy i skakała mi w ramiona, wołając: „Mamo!". Gdy mój drugi syn uciekł z domu, zostawiłam dla niego jedzenie w najcieplejszej części pokoju i szeroko otwarte oba skrzydła bramy. Jeśli ktoś potknął się o miskę ryżu i rozsypał go, dokładnie wszystko zbierałam. Kiedy wiatr budził mnie w środku nocy, wychodziłam na zewnątrz i kładłam ciężkie kamienie pod bramą, na wypadek gdyby miała się zamknąć. Moje oczy i uszy były wyczulone na bramę za każdym razem, gdy pojawiał się przy niej jakiś hałas.

Szafa jest także skuta mrozem.
Drzwi się nie otwierają. Powinna być pusta. Kiedy głowa zaczęła mnie bardzo boleć, chciałam pójść do tego mężczyzny, którego nie widziałam od bardzo dawna. Myślałam, że może zrobi mi się lepiej, jeśli go zobaczę. Ale nie poszłam. Skryłam moje pragnienie i w samotności przeżywałam mój ból. Czułam, że zbliża się dzień, w którym nie będę w stanie rozpoznać nikogo, bo będę sparaliżowana. Chciałam zadbać o wszystkie moje sprawy, póki jeszcze mogłam rozpoznawać przedmioty. Ubrania, których nie nosiłam, a wisiały jeszcze w szafie, owinęłam w szmatę i spaliłam na polu. Bielizna, którą kupił mi Hyong-chol za swoją pierwszą wypłatę, wisiała w szafie przez dziesięciolecia, jeszcze z metką. Nawet kiedy to wszystko paliłam, czułam, że moja głowa pęka na pół. Spaliłam wszystko, co mogłam. Oprócz koców i poduszek, z których dzieci będą mogły korzystać, gdy przyjadą do domu na święta. Ale spaliłam bawełniane koce – prezent ślubny od mojej mamy. Wyjęłam wszystko, co uzbierałam przez całe życie. Zachowałam

tylko nigdy nieużywane rzeczy, a wśród nich naczynia i biżuterię, aby dać je mojej najstarszej córce, kiedy wyjdzie za mąż. Gdybym wiedziała, że nie chce brać ślubu, dałabym je jej młodszej siostrze, która jest mężatką i ma troje dzieci. Głupio myślałam, że muszę dać je Chi-hon, bo tak sobie zaplanowałam. Wahałam się przez dłuższy czas, ale potem wyniosłam wszystko na zewnątrz i rozbiłam na kawałki to, co się dało. Zrozumiałam, że pewnego dnia już nic nie będę pamiętać. Zanim jednak to się stanie, chciałam zająć się wszystkim tym, co powinnam zrobić. Dolne szafki są puste. Zniszczyłam wszystko, co do mnie należało, i zakopałam.

W tej zamarzniętej szafie z zimowych ubrań zostało tylko czarne futro z norek, które kupiła mi moja młodsza córka. Kiedy skończyłam pięćdziesiąt pięć lat, nie chciałam jeść ani wychodzić z domu. Cały dzień byłam smutna, miałam wrażenie, jakby moją twarz rozrywał ból. Kiedy otwierałam usta, wydawało mi się, że czuję jakąś okropną woń. Nie powiedziałam ani jednego słowa przez ponad dziesięć dni. Próbowałam uciszyć negatywne myśli, ale każdego dnia nawiedzałyby mnie nowe. Nawet jeśli był to środek zimy, zanurzałam ręce w zimnej wodzie i ciągle je myłam. Pewnego dnia poszłam do kościoła. Zatrzymałam się na dziedzińcu. Pochyliłam się przy Matce Bożej, która trzymała na rękach swego zmarłego syna. Chciałam ją poprosić, by pomogła mi wydobyć się z tej depresji, której nie mogłam już dłużej znieść, żeby się nade mną zlitowała. Ale zatrzymałam się i pomyślałam: *O co więcej mogłabym prosić kogoś, kto trzyma na rękach swego zmarłego syna?* Podczas mszy widziałam kobietę, która miała na sobie czarne futro z norek. Zwabiona jego miękkością, cicho przysunęłam twarz w jej kierunku, nie zdając sobie sprawy, co robię. Futro, jak powiew

wiosny, delikatnie musnęło moją starą twarz. Łzy, które długo powstrzymywałam, wylały się. Gdy próbowałam oprzeć głowę na ramieniu kobiety, odeszła. Kiedy wróciłam do domu, zadzwoniłam do mojej młodszej córki i poprosiłam ją, aby kupiła mi takie futro. Pierwszy raz od dziesięciu dni otworzyłam usta.
– Futro z norek, mamo?
– Tak, futro z norek.
Milczała.
– Kupisz mi takie? Czy nie?
– Jest ciepłe. Czy masz do czego nosić takie futro?
– Tak.
– Wybierasz się gdzieś?
– Nie.
Zaśmiała się głośno z powodu mojej lakonicznej odpowiedzi.
– Przyjedź do Seulu. Pójdziemy razem do sklepu.
Kiedy weszłyśmy do domu handlowego, do działu z futrami, moja córka patrzyła na mnie bez słowa. Nie miałam pojęcia, że moje futro z norek, które było nieco krótsze niż to, w którym skryłam swoją twarz w kościele, było tak drogie. Tego moja córka mi nie powiedziała. Jak wróciłyśmy do domu, moja synowa wytrzeszczyła oczy.
– Futro z norek, matko!
Milczałam.
– Masz szczęście, matko, że twoja córka może kupić ci tak drogą rzecz. Ja nawet nie byłam w stanie kupić mojej matce szalika z lisa. Mówią, że norki są przekazywane z pokolenia na pokolenie. Kiedy umrzesz, powinnaś mi je zostawić.
– Pierwszy raz mama poprosiła mnie, abym coś jej kupiła! Przestań!

Kiedy moja córka zaczęła ze złością krzyczeć na szwagierkę, zdałam sobie sprawę, dlaczego w kółko patrzyła na metkę i na mnie. W tym czasie właśnie skończyła studia i pracowała w aptece szpitalnej. Po powrocie z Seulu wzięłam futro i poszłam do domu towarowego w mieście. Tam w podobnym sklepie z futrami zapytałam ekspedientkę, ile kosztuje, i zamarłam. Kto to słyszał, żeby jedna sztuka odzieży kosztowała tak dużo! Zadzwoniłam do mojej córki, aby powiedzieć jej, że powinnyśmy je zwrócić, a ona rzekła: „Mamo, masz wszelkie prawo do noszenia tego futra. Tak więc powinnaś je nosić".

W regionie, w którym mieszkam, jest ciepło nawet w zimie, więc tak naprawdę było bardzo mało dni, gdy mogłam założyć to futro. Zdarzyło się, że nie miałam go na sobie przez trzy lata. Kiedy miałam depresję, otwierałam szafę i chowałam w nim moją twarz. Myślałam wtedy, że kiedy umrę, zostawię go mojej młodszej córce.

Pomimo że teraz jest zupełnie spowity mrozem, na wiosnę ogród kwiatowy będzie ponownie tętnił życiem. Kwiaty na gruszy u sąsiada zakwitną i ich zapach będzie unosił się dookoła. Róże o jasnych pączkach rozprostują swoje płatki z radością. Chwasty pod murem po pierwszym deszczu wysoko urosną i zgęstnieją. Kiedyś kupiłam w mieście trzydzieści kaczek i wypuściłam je na podwórko, a one pobiegły do ogrodu kwiatowego i zadeptały wszystkie kwiaty. Gdy biegały dookoła z kurczętami, trudno było rozróżnić jedne od drugich. Ale dzięki nim na wiosnę było głośno na podwórzu. To właśnie tam, gdy moja córka podsypywała nawóz pod krzak róży, zobaczyła wijącego się w błocie robaka, przestraszyła się i tak rzuciła w bok motykę, że zabiła kurczę. Pamiętam woń ulewnego deszczu w lecie i to, jak zwierzęta biegające dotąd po podwórzu pochowały się pod ganek i do klatek. W wietrzne dni, pod koniec jesieni, liście z drzewa śliwy szeleściły i fruwały dookoła. Słyszeliśmy je całą noc. Podczas śnieżnych zimowych nocy wiatr zwiewał śnieg z podwórka na ganek.

Ktoś otwiera bramę. O, moja szwagierka!

Byłaś ciotką dla moich dzieci i szwagierką dla mnie, ale nigdy cię tak nie nazywałam, bo byłaś dla mnie bardziej jak teściowa. Widzę, że przyszłaś rozejrzeć się po domu, bo pada śnieg i wieje wiatr. Myślałam, że nikt nie przyjdzie, aby zadbać o ten dom. Zapomniałam, że tu jesteś. Ale dlaczego kulejesz? Zawsze byłaś taka żwawa. Myślę, że też się starzejesz. Bądź ostrożna, pada śnieg.

– Czy jest ktoś w domu?

Twój głos jest jeszcze silniejszy niż zwykle.

– Nikogo nie ma, prawda?

Krzyczysz, chociaż dobrze wiesz, że nikogo tu nie ma. Siadasz na brzegu ganka, nie czekając na odpowiedź. Dlaczego przyszłaś tak lekko ubrana? Przeziębisz się. Patrzysz na śnieg na podwórku, jakbyś była gdzie indziej. O czym myślisz?

– Czuję, jakby ktoś tutaj był...

Jestem w połowie drogi do krainy duchów, szwagierko.

– Dokąd wędrujesz, kiedy jest tak zimno?

Mówisz o mnie?

– Lato minęło i jesień także odeszła, teraz jest zima... Nie wiedziałam, że jesteś taką nieczułą osobą. Czym będzie ten dom bez ciebie? To tylko pusta skorupa. Miałaś na sobie tylko letnie ubranie i nie wracasz, mimo że jest zima... Czy jesteś już w innym świecie?

Jeszcze nie. Tak sobie wędruję.

– Najsmutniejszą osobą na świecie jest ten, kto umiera poza domem... Proszę, uważaj na siebie i wracaj do domu.

Czy ty płaczesz?

Twoje skośne oczy patrzą na szare niebo i wilgotnieją. Nie są już tak straszne jak kiedyś. Zawsze się bałam twojego stanowczego spojrzenia. Tak naprawdę nigdy nie patrzyłam ci prosto w twarz, żeby nie spotkać twojego wzroku. Ale myślę, że podobałaś mi się bardziej, gdy byłaś taka ostra. To nie jesteś ty, siedząca z opuszczonymi ramionami. Nigdy nie byłaś w stanie powiedzieć mi niczego miłego, kiedy żyłam, więc dlaczego mam teraz patrzeć na twoją przygnębioną postać? Nie podobasz mi się taka słaba. Nie tylko bałam się ciebie, ale i szanowałam. Gdy przytrafiało mi się coś trudnego i nie wiedziałam co robić, myślałam: *A co zrobiłaby moja szwagierka?*, i wybierałam to, co przyszło mi do głowy. Więc byłaś dla mnie także wzorem. Wiesz, że mam duży temperament. Wszystkie relacje na świecie są dwukierunkowe, nie decyduje tylko jedna strona. A teraz będziesz musiała zaopiekować się ojcem Hyong-chola, który jest sam. Nie czuję się z tym dobrze. Skoro jednak już jesteś przy nim, jest mi trochę lżej. Gdy żyłam, wiedziałam dobrze, że byłaś zależna od ojca Hyong-chola, ponieważ jesteś sama. Czułam się opuszczona i rozczarowana. Myślałam o tobie tylko jak o trudnym, starszym członku rodziny. Myślałam, że jesteś naszą matką, nie siostrą mojego męża. Szwagierko, ja nie chcę iść do grobu wyznaczonego dla mnie na rodzinnym cmentarzu. Nie chcę tam iść. Kiedy tu mieszkałam i budziła mnie mgła, szłam sama do przeznaczonego dla mnie grobu. Tak, żebym czuła się komfortowo, gdy zamieszkam tam po śmierci. Było słonecznie i podobała mi się sosna, która rosła właśnie nad moim grobem. Była jak członek naszej rodziny. Śpiewałam i wyrywałam chwasty, siedząc tam aż do zachodu słońca, ale nie czułam się tam dobrze. Ponieważ mieszkałam z rodziną przez ponad pięćdziesiąt lat, proszę, pozwól mi odejść. Wtedy, kiedy przypisywaliśmy sobie groby i ty wskazałaś na moje miejsce zaraz pod twoim, spojrzałam i powiedziałam: „Ach, więc nawet po śmierci muszę wykonywać twoje polecenia". Pamiętam, że tak powiedziałam. Nie denerwuj się. Myślałam o tym długo, ale nie powiedziałam tego ze złej woli. Chcę po prostu wrócić do domu. Pójdę tam odpocząć.

O, widzę, że drzwi szopy są otwarte.
Wiatr uderza w drzwi, jak gdyby chciał je wyrwać z zawiasów. Drewniana ławka pokryła się cienką warstwą lodu. Lubiłam tam siedzieć. Jeśli ktoś tam teraz siądzie, a nie zauważy lodu, może się ześlizgnąć i spaść. Mała Chi-hon, gryziona przez pchły, często chowała się obok szopy. Wiedziałam, że skradała się z książką pomiędzy chlew a szopę. Kiedy Hyong-chol pytał, gdzie jest, mówiłam, że nie wiem. Lubiłam obserwować, jak czyta. Nie chciałam jej przeszkadzać. Chlew był przykryty słomą. Po jednej stronie kury wysiadywały jaja. Nikt nie znalazłby dziecka czytającego na górze stogu, plującego na ukąszenia pcheł, by ukoić ból. Jak wiele radości sprawiało jej ukrywanie się tam, czytanie i nasłuchiwanie szukającego jej brata? Nasze kury były szczególne. Denerwowały się na dźwięk przewracanych przez moją córkę kartek. Musieliśmy przygotować im przytulne i wygodne gniazda, żeby mogły w spokoju składać

jaja. Ale i tak stały się wrażliwe na szelest kartek i raz jedna z nich zaczęła gdakać, aż najstarszy brat znalazł Chi-hon. Co ona czytała ukryta cicho w szopie, ze zwierzętami i całym tym sprzętem rolniczym obok?

Na wiosnę suka, groźnie warcząc, leżała na nowym miocie pod gankiem, pośród porozrzucanych wszędzie zimowych butów członków rodziny. Słychać było kapiącą z okapu wodę. To była łagodna psina. Dlaczego więc stała się tak agresywna, gdy miała szczenięta? Tylko członkowie rodziny mogli podejść do niej blisko. Hyong-chol chciał wówczas zmienić kolor ostrzeżenia „Uwaga pies" wiszącego na bramie na niebieski. Kiedyś wziął z ganku szczeniaka, umieścił go w koszu i okrył szmatką, ja zaś zakryłam mu oczy i zaniosłam do ciotki.

– Dlaczego zakrywasz jego oczy, gdy jest tak ciemno, mamo? – zapytała moja młodsza córka, idąca ze mną. Wyglądała na zdezorientowaną, gdy wyjaśniłam jej, że gdybym tego nie zrobiła, szczenię znalazłoby drogę do domu.

– Mimo że jest tak ciemno?

– Tak, chociaż jest ciemno!

Suka zorientowała się, że szczeniak zniknął, przestała jeść i leżała chora. Ale jeść musiała, aby mieć mleko na wykarmienie pozostałych szczeniąt. Wyglądało na to, że umrze, jeśli zostawię ją samą, więc przyprowadziłam szczenię z powrotem, położyłam obok niej, a ona wyzdrowiała. Ten pies żył pod naszym gankiem.

Och, nie wiem, gdzie zatrzymać wspomnienia, które kiełkują w każdym miejscu, jak zielenina na wiosnę. Wszystko, o czym zapomniałam, wraca. Od miski ryżu na półce w kuchni po duże i małe gliniane słoiki z przyprawami, od wąskich schodów na drewniane poddasze po winorośl pod ścianą.

Nie wychodź z domu, bo zamarzniesz. Jeśli będzie dla ciebie zbyt ciężko, poproś młodszą synową o pomoc. Zawsze dba o dom, chociaż nie jest ich własnym. Ona ma do tego serce. Jest dokładna i ciepła. Mimo że pracuje, jej dom błyszczy czystością, a ona nawet nie korzysta z pomocy. Jeśli będzie ci trudno utrzymać dom, porozmawiaj z nią. Mówię ci, gdy ona czegoś dotyka, stare rzeczy zamieniają się w nowe. Pamiętasz, jak wynajmowali murowany dom w dzielnicy, którą przebudowano? Rozrobiła zaprawę własnymi rękami i naprawiła go. Dom, w zależności od tego, kto w nim mieszka, nabiera cech danej osoby i może stać się bardzo dobrym lub bardzo dziwnym domem. Kiedy przyjdzie wiosna, proszę, zasiej kwiaty w ogrodzie, przetrzyj podłogi i napraw dach, który załamał się pod ciężarem śniegu.

Kilka lat temu ktoś zapytał cię, gdy byłeś pijany, gdzie mieszkasz. Powiedziałeś: „W Yokchon-dong". Odpowiedziałeś tak, mimo że minęło już dwadzieścia lat, od kiedy Hyong-chol opuścił Yokchon-dong. Nawet w mojej pamięci Yokchon-dong stał się niewyraźny. Nigdy naprawdę nie pokazałeś po sobie szczęścia czy smutku. Kiedy Hyong-chol kupił swój pierwszy dom w Yokchon-dong w Seulu, nie mówiłeś za wiele, ale przypuszczam, że w głębi serca byłeś bardzo dumny. I dlatego, gdy byłeś pijany, zapomniałeś o swoim, wspominając ten, w którym byliśmy zaledwie kilka razy. Chciałabym, żebyś w ten sposób myślał o naszym domu. Co roku kwitły tam piękne kwiaty. Na podwórku i pod gankiem zawsze coś się gromadziło, przychodziło i odchodziło. Ptaki siadały na sznurku z bielizną, jakby mówiły do suszącego się prania, ćwierkały, śpiewały i gruchały. Myślę, że dom zaczyna przypominać ludzi, którzy tam mieszkają. Pamiętam, jak kaczki panoszyły się po podwórku i znosiły jaja tam, gdzie chciały. Pamiętam także wyraźnie, jak w słoneczny dzień zamiatałam cienkie plasterki suszonej rzodkwi lub gotowałam łodygi taro. W moich oczach pozostał obraz upranych, czystych, białych trampek córki suszących się na słońcu. Chi-hon lubiła patrzeć na odbicie nieba w studni. Widzę, jak podczas czerpania wody ze studni spogląda w dół, podpierając brodę dłońmi.

Dbaj o siebie... Opuszczam teraz dom.

Latem ubiegłego roku, gdy zostałam sama na stacji Seul, pamiętałam tylko to, co wydarzyło się, gdy miałam trzy lata. Ponieważ zapomniałam wszystko inne, pozostało mi jedynie chodzenie. Bo ja nawet nie wiedziałam, kim jestem. Szłam i szłam. Wszystko widziałam jak przez mgłę. Powoli wracało do mnie wspomnienie podwórka, na którym bawiłam się, gdy byłam mała. Miałam wtedy trzy lata, kiedy mój ojciec, który kopał złoto i węgiel, nie wrócił do domu. Szłam tak daleko, jak mogłam. Między blokami, przez trawiaste wzgórza i boiska do piłki nożnej. Szłam i szłam. Gdzie chciałam dojść? Na podwórze, gdzie bawiłam się w wieku trzech lat? Ojciec codziennie rano szedł do pracy na plac budowy nowego dworca kolejowego, który był oddalony o 10 *ri* od naszego domu. W jakim wypadku stracił życie? Mówią, że kiedy sąsiedzi przyszli powiedzieć mamie o śmierci ojca, biegałam i bawiłam się na podwórku. Twarz mamy stała się popielata. Sąsiedzi pomogli jej pójść na miejsce zdarzenia. A ja nadal śmiałam się i bawiłam, aż ktoś w końcu powiedział: „Śmiejesz się, nawet na wieść, że twój ojciec nie żyje, ty głupi dzieciaku!", i uderzył mnie w tyłek. Pamiętałam tylko to. Szłam i szłam, aż upadłam z wycieńczenia.

Tam.
Mama siedzi na ganku domu, w którym przyszłam na świat. Podnosi głowę i patrzy na mnie. Moja babcia miała taki sen, kiedy się rodziłam. Brązowa krowa z błyszczącą sierścią wstaje z drzemki, podnosząc się na kolana. Babcia powiedziała, że będę bardzo energiczna, ponieważ urodziłam się w momencie, kiedy krowa zbierała swoje siły, by wstać, i dodała, że powinno się o mnie dobrze zadbać, ponieważ mogę stać się źródłem wielu radości. Mama spogląda na moją stopę. Niebieski pasek plastikowego buta wrzyna się w skórę. Przez ranę w nodze widać kość. Twarz mamy wykrzywia się ze smutku. To ją widziałam, kiedy spojrzałam w lustro szafy po urodzeniu martwego dziecka. „Moja córka", mówi mama i rozpościera ręce. Trzyma mnie w ramionach, jak niedawno zmarłe dziecko. Zdejmuje moje niebieskie, plastikowe sandały i kładzie zmęczone stopy na swoich kolanach. Mama nie uśmiecha się. Nie płacze. Czy mama wie? Że ja jej także potrzebowałam przez całe moje życie?

Epilog

Różaniec
z drzewa różanego

Minęło dziewięć miesięcy od zaginięcia mamy.

Jesteś teraz w Rzymie. Siedzisz na marmurowych schodach z widokiem na plac Świętego Piotra i patrzysz na obelisk przywieziony z Egiptu. Przewodnik z czołem zroszonym potem krzyczy: „Proszę iść tą drogą", i kieruje ludzi z twojej grupy wycieczkowej schodami w dół, gdzie jest cień pod wysokimi sosnami. „Nie wolno nam rozmawiać w muzeum i katedrze, więc opowiem państwu ważne rzeczy na ich temat, zanim wejdziemy do środka. Rozdam teraz słuchawki i proszę słuchać".

Bierzesz słuchawki, ale nie wkładasz ich na uszy. Przewodnik kontynuuje: „Jeśli nic nie słychać w słuchawkach, to znaczy, że stoicie państwo zbyt daleko ode mnie. W środku będzie tak wiele osób, że nie będę w stanie patrzeć na każdego. Mogę opowiadać, tylko gdy będziecie państwo blisko mnie, w zasięgu mojego mikrofonu".

Idziesz w stronę łazienki, żeby umyć ręce, słuchawki zwisają ci z szyi. Ludzie patrzą się na ciebie. Myjesz dłonie, a gdy otwierasz torebkę, by wyjąć z niej chusteczkę do rąk, twój wzrok zatrzymuje się na pogniecionym liście od siostry. To jest list, który wyjęłaś ze skrzynki pocztowej trzy dni temu, przed wyjazdem z Seulu ze swoim chłopakiem. Stojąc przed drzwiami z walizką w jednej ręce, przeczytałaś imię swojej siostry napisane na kopercie. Był to pierwszy raz, kiedy otrzymałaś od niej odręcznie napisany list, a nie e-mail. Zastanawiałaś się, czy go otworzyć, ale po prostu włożyłaś do torebki. Być może myślałaś, że jeśli go przeczytasz, to nie będziesz w stanie wsiąść do samolotu. Wychodzisz z łazienki i siadasz razem z grupą. Zamiast włożyć na uszy słuchawki, wyjmujesz list i trzymasz go przez chwilę, aż wreszcie otwierasz kopertę.

Siostro,

kiedy pojechałam do mamy, zaraz po powrocie z Ameryki, dostałam od niej młode drzewko śliwy sięgające moich kolan. Stało się to wówczas, gdy pojechałam po swoje rzeczy zostawione w domu na wsi. Mama leżała zgięta wpół obok szopy, w miejscu, gdzie były przechowywane moje sprzęty: kuchenka, lodówka i stół. Leżała tam, a jej kończyny były wiotkie. Koty sąsiadów, które karmiła, siedziały wokół niej. Kiedy nią potrząsnęłam, powoli otworzyła oczy, jakby się budziła. Spojrzała na mnie i uśmiechnęła się, mówiąc: „Jesteś, moja córeczko!". Mama powiedziała mi, że wszystko jest w porządku. Teraz wiem, że straciła przytomność, ale upierała się, że czuje się dobrze. Że była w tym miejscu, bo karmiła koty. Mama trzymała wszystko, co zostawiłam, gdy wyjeżdżałam do Ameryki. Nawet gumowe rękawice, które kazałam jej używać po wyjeździe. Powiedziała, że chciała skorzystać z przenośnej kuchenki gazowej podczas jednego z obrzędów ku czci przodków, ale w końcu tego nie zrobiła. „Dlaczego nie?" – zapytałam, a ona powiedziała: „Żebym mogła oddać ci wszystko takie, jakie pozostawiłaś".

Kiedy skończyłam ładować wszystkie rzeczy na ciężarówkę, mama zakłopotana podeszła do mnie z drzewkiem śliwy. Pokryte ziemią korzenie były zawinięte w plastikową torbę. To był prezent na nasze nowe podwórko. Drzewko było tak małe, że zastanawiałam się, kiedy zacznie dawać owoce. Szczerze mówiąc, nie chciałam go brać ze sobą. Mieliśmy wynajmować dom z podwórkiem i zastanawiałam się, kto potem zająłby się drzewem. Mama, patrząc na mnie, powiedziała: „Zobaczysz wkrótce śliwki na tym drzewie; nawet siedemdziesiąt lat szybko przemija".

I nadal nie chciałam go wziąć, ale mama powiedziała: „Kiedy już umrę, gdy będziesz zrywać śliwki, pomyśl o mnie".

Mama zaczęła mówić coraz częściej „Kiedy umrę...". Wiesz, że przez długi czas to była broń mamy. Jej jedyna broń w stosunku do dzieci, które nie zrobiły tego, co chciała. Nie wiem, kiedy to się zaczęło, ale gdy z czymś się nie zgadzała, mówiła: „Kiedy umrę". Przywiozłam drzewo śliwy do Seulu na ciężarówce, choć nie wiedziałam, czy przetrwa podróż, i zakopałam korzenie w ziemi, tak głęboko, jak mama zaznaczyła na pniu. Później, gdy przyjechała do Seulu, powiedziała, że zasadziłam je zbyt blisko ściany i że powinnam przenieść w inne miejsce. Potem pytała mnie często, czy to zrobiłam. A ja mówiłam „tak", mimo że to nie była prawda. Mama chciała, żebym przeniosła drzewo w puste miejsce na podwórku. Myślałam, że gdy będę miała pieniądze i kupię ten dom, będę mogła posadzić tam duże drzewo. Nie miałam zamiaru przenosić tam drzewka ledwo sięgającego mi do pasa, z kilkoma tylko gałązkami, ale odpowiadałam, że tak zrobiłam. Zanim zaginęła, nagle zaczęła dzwonić do mnie co drugi dzień, pytając: „Czy przesadziłaś drzewo śliwy?". Mówiłam, że zrobię to później.

Siostro,

dopiero wczoraj, z dzieckiem na plecach wzięłam taksówkę do So-orung i kupiłam nawóz ze sproszkowanych kurzych odchodów. Wykopałam dół w pustym miejscu, które wskazała mama, i przesadziłam tam śliwę. W ogóle nie czułam się źle, że nie posłuchałam mamy, dlatego nie zrobiłam tego, o co prosiła. A teraz byłam zaskoczona. Kiedy po raz pierwszy przyniosłam to drzewo o tak cieniutkich korzeniach, zastanawiałam się, czy w ogóle dadzą radę wrosnąć w ziemię. Ale wczoraj okazało się, że korzenie wbiły się bardzo głęboko i całe były splątane. Byłam pod wrażeniem chęci życia śliwy w tej jałowej ziemi. Czy mama chciała dać mi małe drzewo, żebym mogła oglądać rosnące gałęzie i grubiejący konar? Czy chciała mi powiedzieć, że jeśli chcę zobaczyć owoce, muszę najpierw zadbać o tę małą roślinkę? Czy może dlatego, że nie miała pieniędzy, aby kupić duże drzewo? Po raz pierwszy poczułam się związana z tą śliwą. Moje wątpliwości, że drzewko może kiedykolwiek dać owoce, zniknęły. Przypomniałam sobie słowa mamy, że powinnam myśleć o niej, kiedy będę jadła śliwki, gdy jej już nie będzie.

Pamiętasz, jak poprosiłaś mnie, żebym powiedziała ci o mamie coś, czego nie wiesz? Powiedziałam wówczas, że nie znam mamy. Że wiem tylko, że zaginęła. Tak samo jest teraz. Przede wszystkim nie wiem, skąd mama miała siłę. Pomyśl o tym. Mama robiła rzeczy, których jedna osoba nie jest w stanie sama zrobić. Myślę, że dlatego stawała się coraz bardziej wewnętrznie wypalona. W końcu stała się kimś, kto nie jest w stanie odnaleźć domów własnych dzieci. Nie poznaję siebie, gdy karmię swoje dzieci, szczotkuję im włosy i posyłam do szkoły, bo nie mogę w tym czasie szukać własnej mamy, choć wiem, że zaginęła. Powiedziałaś, że jestem inna, w odróżnieniu od pozostałych dzisiejszych, młodych matek. Że jest coś we mnie, co przypomina mamę, ale siostro, niezależnie od tego, co sądzisz, ja nigdy nie będę taka jak ona. Odkąd zaginęła, często zastanawiam się, czy byłam dobrą córką? Czy mogę robić dla moich dzieci takie rzeczy, jakie mama robiła dla mnie?

Wiem jedno. Nie mogę robić wszystkiego tak jak ona. Nawet gdybym chciała. Nawet kiedy karmię moje dzieci, często jestem rozdrażniona. Czuję ciężar, jakby były przywiązane do mych kostek. Kocham moje dzieci i wzruszam się na myśl, czy to naprawdę ja je urodziłam, ale nie mogę dać im całego swojego życia, tak jak mama dała nam siebie. Czasem zachowuję się tak, jakbym miała im oddać własne oczy, jeśliby ich potrzebowały, ale nie jestem jak nasza mama. Ciągle marzę o tym, aby najmłodsze dziecko szybko urosło. Czuję, jakby z powodu dzieci moje życie utknęło w martwym punkcie. Gdy najmłodszy syn będzie trochę starszy, mam zamiar posłać go do przedszkola lub znaleźć kogoś do opieki, a ja pójdę do pracy. Tak właśnie zamierzam zrobić. Bo mam też swoje życie. Kiedy zdałam sobie sprawę z tego wszystkiego, zaczęłam się zastanawiać, jak mama robiła to, co robiła, i zrozumiałam, że tak naprawdę nie znam jej. Nawet jeśli mówimy, że to sytuacja sprawiła, że mama musiała myśleć tylko o nas, jak mogliśmy przez całe życie myśleć o niej tylko jak o mamie? Mimo że sama jestem matką, mam tak wiele własnych marzeń, pamiętam nawet rzeczy z dzieciństwa, kiedy byłam małą dziewczynką, potem młodą kobietą. Niczego nie zapomniałam. Dlaczego więc myśleliśmy o niej tylko jak o mamie od samego początku? Mama nie miała okazji zrealizowania swych marzeń i sama musiała stawić czoło czasom, w których przyszło jej żyć. Musiała radzić sobie z ubóstwem i udręką. Nie mogła wiele zrobić z otrzymanym w darze życiem. Żyła własnym życiem, najlepiej jak tylko potrafiła, poświęcając się nam całym ciałem i sercem. Dlaczego nigdy nie pomyślałam o marzeniach mamy?

Siostro,

chciałam ukryć się w dole, który wykopałam na śliwę. Ja bym tak nie potrafiła. Jak mogła tak żyć? Dlaczego nigdy nie pomyślałam o tym, gdy była z nami? Mimo że jestem jej córką, nie miałam pojęcia, jak samotna musiała się czuć między innymi ludźmi. Jak niesprawiedliwe jest to, że cokolwiek robiąc, oddawała nam swoje życie, a jej nikt nie starał się zrozumieć.

Siostro,

czy myślisz, że będziemy mogły się z nią ponownie spotkać, choćby na jeden dzień? Czy myślisz, że będę miała czas, aby ją

zrozumieć i wysłuchać jej opowieści, wskrzesić jej stare marzenia, które są pochowane gdzieś na kartach czasu? Jeśli zostanie mi dane choćby kilka godzin, powiem mamie, że kocham wszystko, co dla nas zrobiła, że kocham ją za to, że była w stanie zrobić dla nas to wszystko, że kocham jej życie, którego nikt nie pamięta. Że szanuję ją.
Siostro, proszę, nie rezygnuj z mamy, proszę, znajdź ją.

Twoja siostra nie napisała daty ani słowa „żegnam". List miał okrągłe plamy od łez, które kapały na papier podczas pisania. Twoje oczy zatrzymały się na pożółkłych śladach płaczu, następnie złożyłaś list i włożyłaś go do torebki. Kiedy siostra go pisała, pewnie jej najmłodsze dziecko, jedząc coś z podłogi pod stołem, podeszło do niej i niezdarnie zaczęło śpiewać piosenkę dla dzieci, która rozpoczynała się słowami: „Mama Miś…". Twoja siostra spojrzała na synka i mimo że miała smutny wyraz twarzy, zaczęła śpiewać razem z nim: „…jest szczupła!". Dziecko, które nie rozumiało uczuć swojej mamy, uśmiechnęło się beztrosko i śpiewało dalej: „Tata Miś…", czekając na twoją siostrę, aby dokończyła zdanie. Twoja siostra, ze łzami w oczach, być może dokończyła: „…jest gruby!". Pewnie nie mogła w spokoju dokończyć pisania listu. Dziecko, usiłujące się wspiąć na nogi swej mamy, upadło i uderzyło się głową o podłogę. I pewnie wybuchło rozpaczliwym płaczem. Ty, siostro, widząc, jak na delikatnej skórze dziecka pojawia się niebieskawy siniak, też wybuchłaś płaczem, który tak długo próbowałaś powstrzymać.

Po złożeniu listu i włożeniu go do torebki słyszysz głos przewodnika ponownie w twoich uszach. „Główną atrakcją muzeum jest namalowany na suficie Kaplicy Sykstyńskiej fresk *Stworzenie Adama*, który widzimy naprzeciw. Michał Anioł przez cztery lata pracował nad tym dziełem uwieszony na belce pod sufitem. Osłabiło to jego wzrok do takiego stopnia, że nie był w stanie czytać ani oglądać obrazów inaczej jak przy świetle dziennym. Freski wykonywane były na mokrym tynku, dlatego trzeba było zakończyć malowanie, zanim wszystko zaschło. Jeśli nie udało się wykonać pracy, która normalnie trwała około miesiąca, w jeden dzień, tynk zasychał i trzeba było zaczynać od nowa. Może dlatego, że przez cztery lata musiał pracować w taki sposób, przez resztę swego życia miał problemy z szyją i barkiem".

Ostatnią czynnością, którą wykonałaś na lotnisku, przed wejściem do samolotu, był telefon do ojca. Po zaginięciu mamy ojciec jeździł między domem na wsi a Seulem, ale na wiosnę na dobre wybrał wieś. Dzwoniłaś do niego każdego dnia rano, a czasem nawet w nocy. Ojciec podnosił słuchawkę po pierwszym dzwonku, jakby czekał na telefon. Mówił twoje imię, zanim się odezwałaś. Tak zawsze robiła mama. Mama pieliła ogród, a kiedy zadzwonił telefon, mówiła do ojca: „Odbierz, to Chi-hon!". Kiedy pytał, skąd wiedziała, kto dzwoni, wzruszała ramionami i mówiła: „Ja tylko… Ja po prostu wiem". Mieszkając w pustym domu, bez mamy, ojciec wiedział, że to ty, od pierwszego dzwonka. Powiedziałaś mu, że może nie będziesz w stanie dzwonić przez jakiś czas z Rzymu ze względu na różnicę czasu. Ojciec nagle powiedział, jakby nie słuchał uważnie, że powinien był kazać mamie pójść na operację ropniaka opłucnej. „Mama miała też bóle w płucach?" – zapytałaś matowym głosem, a ojciec powiedział, że ze względu na męczący ją kaszel nie mogła spać, szczególnie kiedy zmieniały się pory

roku. Powiedział: „To moja wina. To przeze mnie twoja mama nie miała czasu o siebie zadbać". W każdy inny dzień powiedziałabyś: „Ojcze, to nie jest niczyja wina", ale w tym dniu słowa same wyrwały ci się z ust: „Tak, to twoja wina". Ojciec wziął gwałtowny oddech na drugim końcu telefonu. Nie wiedział, że dzwonisz z lotniska.
– Chi-hon – powiedział ojciec po długiej przerwie.
– Tak.
– Twoja mama nawet mi się już nie śni.
Nic nie powiedziałaś.
Ojciec milczał przez chwilę, aż wreszcie zaczął opowiadać o dawnych czasach. Powiedział, że pewnego dnia gotowali rybę, którą wysłał im Hyong-chol. Mama przyniosła z ogrodu na zboczu wzgórza rzodkiew i sałatę, oczyściła je z ziemi, obrała nożem, pocięła na duże kawałki, położyła na dnie garnka i dusiła z rybą, aż ta stała się czerwona od różnego rodzaju przypraw. Później wybrała najlepszy kawałek ryby i ułożyła na jego talerzu. Ojciec płakał, przypominając sobie, jak jedli na lunch tę rybę, a potem z pełnymi żołądkami ucięli sobie drzemkę w pokoju. Wtedy jeszcze nie wiedział, że to właśnie jest szczęście. „Czuję się źle. Ciągle skarżyłem się, że jestem chory". To była prawda. Ojciec albo był z dala od domu, albo gdy już w nim był, chorował. Teraz czuł z tego powodu skruchę. Płacz starego ojca stawał się coraz silniejszy.
– Kiedy ja chorowałem, to samo musiało się dziać z twoją mamą.
Mama nie była w stanie powiedzieć, że ją coś boli, ponieważ choroba ojca była ważniejsza. Opiekowała się każdym w rodzinie, a sama nie mogła chorować. Kiedy ojciec skończył pięćdziesiątkę, zaczął brać leki na nadciśnienie. Bolały go też stawy

i cierpiał z powodu zaćmy. Tuż przed zaginięciem mamy, przez ponad rok, ojciec miał serię zabiegów na kolana, a ponieważ z trudnością oddawał mocz, zoperowano również jego prostatę. Upadł z powodu udaru, więc trafił do szpitala. Był tam trzy razy w ciągu jednego roku i za każdym razem zwalniano go po piętnastu dniach, czy nawet miesiąc później, i tak cykl się powtarzał. Mama zawsze spała w szpitalu. Rodzina zatrudniała pomoc dla ojca, ale w nocy mama i tak musiała tam spać. Kiedyś mama, w czasie pobytu u Hyong-chola, dostała w środku nocy telefon ze szpitala. Ojciec wszedł do łazienki, zamknął drzwi na klucz i za nic nie chciał wyjść. Mama, nie bacząc na późną godzinę, od razu do niego pojechała. Musiała uspokoić zamkniętego w łazience męża.

– To ja. Otwórz drzwi, to ja.

Ojciec, usłyszawszy głos mamy, od razu otworzył. Kucał obok toalety. Mama pomogła mu wstać i wrócić do łóżka. Patrzył na nią przez chwilę, aż zasnął. Ojciec powiedział, że nic z tego nie pamięta. Następnego dnia zapytałaś go, dlaczego to zrobił, a on na to: „Ja coś zrobiłem?". I zmartwiony, że będziesz nadal pytać, szybko zamknął oczy.

– Mama też musi wypocząć, ojcze.

Ojciec przewrócił się na bok. Wiedziałaś, że udaje, że śpi, nadal słuchając ciebie i mamy. Mama powiedziała, że pewnie to zrobił, bo się bał. Że kiedy się obudził, nie był w domu, tylko w szpitalu. Dookoła niego byli tylko obcy, a nie rodzina i że musiał zastanowić się w ukryciu, gdzie jest.

– Co jest w tym takiego przerażającego?
Twój ojciec słyszał twoje narzekania.
– A ty nie byłaś nigdy przerażona?
Mama spojrzała na ojca i kontynuowała niskim głosem.

– Twój ojciec mówi, że też czasem tak robię. Mówi, że czasem budzi się w środku nocy, a mnie nie ma z nim w łóżku. Szuka mnie wtedy. Zazwyczaj jestem ukryta w szopie lub za studnią i machając rękami przed sobą, mówię: „Nie rób mi tego". Mówi, że cała się trzęsę.
– Ty, mamo?
– Ja tego nie pamiętam. Twój ojciec mówi, że musi mnie wtedy położyć i dać mi trochę wody, aż wreszcie zasnę. Jeśli ja się tak zachowuję, jestem pewna, że twój ojciec także jest przestraszony.
– Dlaczego?
Mama mruknęła cicho:
– Myślę, że ciężko było żyć tylko z dnia na dzień. Najgorsze było to, kiedy nic nie zostało w słoiku na ryż. Kiedy myślałam, że nasze dzieci będą głodne... Moje wargi stawały się wtedy suche, od strachu. Były takie dni...
Ojciec nigdy nikomu w rodzinie nie powiedział, że mama czasem tak się zachowywała. Kiedy po jej zaginięciu zadzwoniłaś do ojca, wymyślał stare historie, aby opóźnić koniec rozmowy, ale nigdy nie powiedział, że mama gdzieś się schowała w środku nocy.

Patrzysz na zegarek. Jest dziesiąta rano. Czy twój chłopak już wstał? Czy zjadł śniadanie?

Dziś obudziłaś się o szóstej rano w starym hotelu naprzeciw dworca głównego Roma Termini. Po zaginięciu mamy twoje ciało i serce ogarnęła ciężka rozpacz, tak jakbyś tonęła. Podniosłaś się z łóżka, a twój chłopak, który spał odwrócony do ciebie tyłem, przekręcił się w twoją stronę i próbował cię objąć.

Wzięłaś jego rękę i położyłaś delikatnie na łóżku. Odrzucony, położył dłoń na czole i powiedział:
– Powinnaś pospać trochę dłużej.
– Nie mogę spać.
Zdjął rękę z czoła i przewrócił się na bok. Spojrzałaś na jego mocne plecy. Pogłaskałaś go po nich. Odkąd twoja mama zaginęła, nie byłaś w stanie robić tego z przyjemnością.
Twoja rodzina, wyczerpana poszukiwaniami, często milczała, kiedy była razem. A potem wszyscy zaczynaliście dziwnie się zachowywać. Jedno z was kopnęło drzwi, aby wyjść, albo wlało *soju* do dużego kufla i wypijało jednym haustem. Odpychając wspomnienia o mamie, które w was kiełkowały, wszyscy myśleliście o jednym: *Gdyby tylko tu była...* Gdyby tylko jeszcze raz mogła powiedzieć po drugiej stronie telefonu: „To ja!". Mama zawsze mówiła: „To ja!". Po jej zaginięciu rodzina nie mogła podtrzymać jakiejkolwiek rozmowy dłużej niż dziesięć minut. Pytanie: „Gdzie jest mama?" krążyło między myślami, niepokojąc was.
– Myślę, że chcę być dzisiaj sama – odważyłaś się powiedzieć.
– Co zamierzasz robić? – zapytał, leżąc wciąż odwrócony w drugą stronę.
– Chcę przejść się do Bazyliki Świętego Piotra. Wczoraj, kiedy czekałam na ciebie w holu, zapisałam się na wycieczkę po Watykanie. Muszę się jeszcze przygotować. Powiedzieli, że zbiórka jest w holu o siódmej dwadzieścia. Mówili, że kolejka jest tak długa, że jeśli nie przyjedziemy tam przed dziewiątą, to dostanie się do środka zajmie nam dwie dodatkowe godziny.
– Możesz iść ze mną jutro.
– Jesteśmy w Rzymie. Jest tyle innych miejsc, do których możemy iść razem.

Umyłaś cicho twarz, aby mu nie przeszkadzać. Chciałaś umyć włosy, ale pomyślałaś, że dźwięk wody byłby zbyt głośny, więc po prostu związałaś je, patrząc na swoje odbicie w lustrze. Wychodząc z łazienki, powiedziałaś, jakbyś dopiero sobie przypomniała: „Dzięki za przywiezienie mnie tutaj".

Naciągnął prześcieradło na twarz. Wiedziałaś, że znosi to wszystko z wielką cierpliwością. Przedstawił cię jako swoją żonę osobom, które tutaj spotkał. Prawdopodobnie nie wybrałabyś się do Rzymu, gdyby mamę odnaleziono. Po porannym seminarium mieliście zjeść obiad z kilkoma innymi parami. Jeśli poszedłby na obiad, zapytaliby go, gdzie jest żona. Popatrzyłaś na swojego chłopaka z naciągniętym na twarz prześcieradłem i cicho wyszłaś z pokoju. Po zaginięciu mamy rozwinęło się w tobie zachowanie impulsywne. Uzależniłaś się od alkoholu. Bez zastanowienia wsiadałaś do pociągu, aby pojechać do ojca na wieś. Patrzyłaś się w sufit pokoju, nie mogąc zasnąć. Potem wstawałaś i biegałaś po ulicach Seulu, naklejając ulotki, niezależnie od tego, czy był to środek nocy, czy świt. Kiedyś wpadłaś na policję i kazałaś im znaleźć mamę. Hyong-chol, który przyszedł na posterunek po otrzymaniu telefonu, tylko popatrzył na ciebie. Zaczęłaś krzyczeć na swojego brata, który w pewnym momencie zaczął w spokoju akceptować nieobecność mamy, czasem nawet szedł grać w golfa: „Szukaj mamy!".

Twój krzyk był zarówno protestem przeciwko ludziom, którzy znali mamę, jak i wyrazem nienawiści do samej siebie, bo nie byłaś w stanie jej znaleźć. Twój brat spokojnie wysłuchał nieustającego ataku-wrzasku. „Jak możesz taki być? Dlaczego nie szukasz mamy? Dlaczego? Dlaczego?!"

Wszystko, co brat mógł zrobić, to spacerować z tobą nocą po mieście. Wtedy szukałaś mamy na wszystkich stacjach metra.

Ostatniej zimy przywiozłaś sobie futro z norek z szafy mamy. Podczas nocnych poszukiwań zakładałaś je na siebie lub nosiłaś przerzucone przez ramię. A to po to, byś mogła ubrać mamę, zaraz gdy tylko ją zobaczysz, bo ostatnio podobno widziano ją w letnim stroju. Twój cień ubrany w futro z norek odbijał się na marmurowym budynku, jak przechadzałaś się wśród bezdomnych śpiących pod gazetami lub pudełkami po jedzeniu. Przez cały czas miałaś włączony telefon, ale nikt nie dzwonił z informacją, że widział kogoś, kto wygląda jak mama.

Pewnego dnia udałaś się na stację Seul, do miejsca, gdzie zgubiła się mama, i natknęłaś się na swojego brata, stojącego tam bez celu. Usiedliście razem i patrzyliście na przyjeżdżające i odjeżdżające pociągi, aż do zamknięcia dworca. Twój brat powiedział, że na początku, siedząc tak, myślał, że mama pojawi się, poklepie go po ramieniu i powie: „Hyong-chol!". Ale teraz już tak nie myśli. Wspominał, że w ogóle już nie myśli, że w jego głowie jest pustka. Że kiedy nie chce iść do domu bezpośrednio po pracy, przyjeżdża tu, na stację. W czasie jednego z urlopów pojechałaś do jego domu. Zobaczyłaś go wychodzącego z samochodu ze sprzętem do golfa i zaczęłaś krzyczeć: „Ty dupku!", robiąc mu scenę. Jeśli nawet twój brat zaakceptował zaginięcie mamy, któż na świecie miałby ją znaleźć? Chwyciłaś jego sprzęt i rzuciłaś o ziemię. Wszyscy powoli stawali się synem, córką i mężem mamy i żony, która zaginęła. Nawet bez niej życie codzienne toczyło się dalej.

Innym razem wróciłaś o świcie do miejsca, w którym mama zaginęła, i znów natknęłaś się na brata. Podeszłaś do niego od tyłu, chwyciłaś go i przytuliłaś, gdy stał w świetle poranka. Powiedział, że być może tylko jej dzieci myślą o życiu mamy wypełnionym bólem i poświęceniem. Może to z naszej winy, bo pamiętamy mamę smutną. To, że w rzeczywistości umniejszamy życie mamy i przyrównujemy do czegoś bezużytecznego. Przypomniał sobie, co mama zawsze mówiła. Mawiała: „Jestem wdzięczna! Za to powinniśmy być wdzięczni!". Nawet kiedy zdarzało się coś nieistotnego. Wyrażała wdzięczność za małe szczęścia, których każdy doświadczał. Twój brat mówił, że była wdzięczna za wszystko, co ją spotykało. Ktoś, kto był tak wdzięczny, nie mógł wieść nieszczęśliwego życia. Kiedy rozchodziliście się, twój brat powiedział, że boi się, że mama nie rozpozna go po powrocie. Powiedziałaś mu, że dla niej był najcenniejszą osobą na świecie. Że mama zawsze go rozpozna, bez względu na to, gdzie jest i jak się zmieni. Kiedy został powołany do wojska i zaczął obóz treningowy, pewnego dnia zaproszono rodziców w odwiedziny. Mama upiekła ciastka ryżowe i razem z tobą zaniosła je na głowie, aby zobaczyć Hyong-chola. Mimo że setki żołnierzy nosiło identyczne mundury i prezentowało te same ruchy *taekwondo*, mama była w stanie wyłowić z go tłumu. Dla ciebie wszyscy wyglądali tak samo, ale mama uśmiechnęła się szeroko i wskazała, mówiąc: „O, tam jest twój brat!".

Kiedyś rozmawiałaś z nim o mamie w pokojowym nastroju, ale potem podniosłaś głos, pytając, dlaczego nie zrobił więcej, aby odnaleźć mamę. „Dlaczego mówisz o niej tak, jakby nie miała wrócić?" – krzyczałaś na brata. Powiedział: „Powiedz mi, jak mam ją znaleźć?". We frustracji urwał kilka górnych guzików swojej białej koszuli pod marynarką. Na koniec się rozpłakał. Potem nie odbierał od ciebie telefonów.

Dopiero po zaginięciu mamy zdałaś sobie sprawę, że jej opowieści piętrzyły się w twojej pamięci w niekończące się wątki.

Codzienne życie mamy biegło w kieracie opieki na dziećmi i prac domowych, bez przerwy. Jej słowa, których nie przemyślałaś głęboko i czasem odrzucałaś jako bezużyteczne, obudziły w twoim sercu wyrzuty sumienia. Zdałaś sobie sprawę, że położenie mamy nie zmieniło się nawet po zakończeniu wojny, kiedy rodzinie zaczęło się lepiej powodzić. Kiedy zebraliście się po raz pierwszy od długiego czasu, zasiedliście z ojcem przy stole i rozmawialiście o wyborach prezydenckich, mama w tym czasie gotowała i nakładała jedzenie, a potem zmywała naczynia. Prała i rozwieszała bieliznę. Zajmowała się naprawianiem bramy, dachu i ganku. Zamiast pomóc w nigdy niekończącej się pracy, wydawało ci się to naturalne, że jest to jej normalne zadanie. Czasem, kiedy twój brat o tym wspominał, myślałaś, że jej życie jest rozczarowujące. Nawet jeśli mama, mimo że zawsze żyła skromnie, tak bardzo się starała, by dać ci wszystko, co najlepsze. Nawet jeśli była to mama, która uspokajająco klepała cię po plecach, gdy czułaś się samotna.

Mniej więcej w tym czasie na miłorzębach przed ratuszem zaczęły wyrastać młode pąki. Ty kucałaś wtedy pod wielkim drzewem na głównej arterii, prowadzącej do Samchong-dong. Niewiarygodne, że wiosna nadchodziła bez mamy. Że zamarznięta ziemia odżywała i drzewa zaczynały się budzić. Twoje serce, które trwało w przekonaniu, że mama się odnajdzie, zostało skruszone. *Choć mama zaginęła, przyjdzie lato, jesień i ponownie zima. Nic się nie zmieni. A ja będę żyć na świecie bez mamy.* Mogłaś sobie wyobrazić wyludnioną drogę. I zagubioną kobietę idącą w dół ścieżką, ubraną w niebieskie plastikowe sandały.

Nie uprzedzając nikogo z rodziny, wyjechałaś ze swoim chłopakiem do Rzymu. Miał tam wziąć udział w seminarium. Mimo że poprosił cię o to, byś z nim pojechała, nie oczekiwał zgody. Kiedy jednak się zgodziłaś, był trochę zaskoczony, ale cierpliwie wprowadził kilka zmian do swojego harmonogramu. Dzień przed wyjazdem nawet zadzwonił: „Nic się nie zmieniło, prawda?". Kiedy wsiadałaś z nim do samolotu, zaczęłaś się zastanawiać, czy marzeniem mamy były podróże. Ona zawsze z obawą prosiła, żebyś nie latała samolotami, ale kiedy wracałaś skądś, zadawała szczegółowe pytania dotyczące miejsca twoich odwiedzin. W jakich ubraniach chodzą Chińczycy? Jak Indianie noszą swoje dzieci? Co ci najbardziej smakowało w Japonii? Mama zarzucała cię pytaniami. Zawsze odpowiadałaś zwięźle: „Chińczycy zdejmują w lecie koszule, indiańska kobieta, którą widziałam w Peru, niosła dziecko zawinięte w chustę na biodrze, a japońskie jedzenie jest zbyt słodkie". Gdy zadawała więcej pytań, irytowałaś się i mówiłaś: „Opowiem ci później, mamo!". Ale później nie było już okazji, aby odbyć te rozmowy. Bo zawsze musiałaś zrobić coś innego. Odchyliłaś się w fotelu samolotu i głęboko westchnęłaś. To mama powiedziała ci, abyś pojechała gdzieś daleko. To ona wysłała cię do miasta, daleko od miejsca urodzenia. Tamta mama. Zdałaś sobie sprawę, że tamta mama, która przywiozła cię do Seulu, a potem wróciła sama na wieś nocnym pociągiem, miała tyle samo lat, co ty teraz. Ta kobieta znikała, zapominając o swoim dzieciństwie i marzeniach, wychodząc za mąż przed pierwszą miesiączką, rodząc i wychowując pięcioro dzieci. Kobieta, która w sytuacjach związanych z dziećmi nie była niczym zaskoczona. Kobieta, której życie związane było z ofiarą aż do dnia, kiedy zaginęła. Porównałaś się z mamą, ale jej świat należał tylko do niej. Jeśli byłabyś nią, nie uciekałabyś w ten sposób przed strachem.

Cały Rzym był miejscem historycznym. Słyszałaś dużo negatywnych plotek o tym mieście – co drugi dzień jest strajk komunikacyjny, ludzie łapią cię za rękę i na twoich oczach ściągają z niej zegarek. W nocy ulice są niszczone przez grafficiarzy i zasypywane śmieciami. Nie obchodziło cię to. Po prostu biernie wszystko obserwowałaś, pomimo że zostałaś oszukana przez taksówkarza i ktoś ukradł ci okulary leżące obok ciebie w kawiarni. Sama zwiedzałaś różne zabytki, podczas gdy twój chłopak uczestniczył w trzydniowej konferencji. Zobaczyłaś Forum Romanum, Koloseum, termy Karakalli, katakumby. Stałaś apatycznie w przestronnych ruinach wielkiego miasta. Wszystko w Rzymie było symbolem minionej cywilizacji. Mimo że ślady przeszłości rozpościerały się przed tobą, dokądkolwiek się udałaś, niczego nie próbowałaś przechować w sercu.

Teraz patrzysz na posągi świętych, ale twoje oczy nie zatrzymują się nigdzie na dłużej. Przewodnik wyjaśnia, że Watykan jest nie tylko państwem wyznaniowym, ale także krajem Boga. Choć terytorium obejmuje tylko czterdzieści cztery hektary, jest niezależnym państwem z własną walutą i znaczkami pocztowymi. Nie słuchasz wyjaśnień przewodnika. Twoje oczy skaczą od osoby do osoby, zastanawiając się, czy mama jest gdzieś tutaj. Nie ma mowy, żeby była wśród zachodnich turystów. Jednak nie potrafisz zatrzymać wzroku na jednym obiekcie. Twoje oczy spotykają się z oczami przewodnika, który powiedział, że przybył tu siedem lat temu na studia muzyki wokalnej. Zawstydzona, że nawet nie masz założonych słuchawek, wyciągasz je i zakładasz na uszy. „Watykan, choć jest najmniejszym na świecie państwem, dziennie jest odwiedzany przez trzydzieści tysięcy turystów z całego świata". Słuchając wyjaśnień przewodnika przesyłanych do uszu przez słuchawki, zagryzasz wargi. W mgnieniu oka przypomniały ci się słowa mamy. Kiedy to było? Mama zapytała cię, jaki kraj jest najmniejszy na świecie. Poprosiła, abyś kupiła jej różaniec z drzewa różanego, jeśli kiedykolwiek tam pojedziesz. Najmniejsze państwo na świecie. Nagle zaczynasz słuchać. Ten kraj? To Watykan?

Ze słuchawkami na uszach odchodzisz od grupy chroniącej się przed słońcem pod marmurowymi schodami i sama wchodzisz do muzeum. Różaniec z drzewa różanego. Idziesz pod majestatycznym sufitem, mijasz niezliczone rzeźby. Musi tu być gdzieś sklep z pamiątkami. Może tam będzie taki różaniec. Kiedy szybko przemykasz między ludźmi, szukając różańca z drzewa różanego, zatrzymujesz się przy głównym wejściu do Kaplicy Sykstyńskiej. Michał Anioł pracował, wisząc na belkach pod wysokim sufitem, codziennie przez cztery lata? Rozległość wielkiego malowidła, zupełnie inaczej wyglądającego w książkach, przytłacza cię. Byłoby dziwne, gdyby nie miał dolegliwości fizycznych po zakończeniu tego projektu. Stojąc tak pod *Stworzeniem Adama*, czujesz ból i pasję artysty tryskającą w dół na twoją twarz niczym woda. Twój instynkt cię nie zawodzi. Po opuszczeniu Kaplicy Sykstyńskiej od razu znajdujesz sklep z pamiątkami i księgarnię. Kilka zakonnic w białych habitach stoi za ladą. Twoje oczy spotykają się z jedną z nich.

– Jesteś Koreanką? – zapytała po koreańsku.

– Tak.

– Ja także przyjechałam z Korei. Jesteś pierwszą Koreanką, którą spotkałam, odkąd zostałam tutaj wysłana. Przyjechałam tu cztery dni temu.

Siostra uśmiechnęła się.

– Czy mogę kupić różaniec z drzewa różanego?

– Różaniec z drzewa różanego?

– Różaniec wykonany z drzewa różanego.

– Aha.

Siostra zabiera cię do drugiej części sklepu.

– Masz na myśli to?

Otworzyłaś pudełko z różańcem, które ci podała. Zapach róż wydostał się z hermetycznie zamkniętego opakowania. Czy mama wiedziała, że będzie tak pachniał?

– Został pobłogosławiony dziś rano przez księdza.

Czy to różaniec z drzewa różanego, o którym mówiła mama?

– Czy to jest jedyne miejsce, gdzie można dostać taki różaniec?

– Nie, można dostać go wszędzie. Ale ponieważ pochodzi z Watykanu, ma większe znaczenie.

Spojrzałaś na naklejkę na różańcu z napisem 15 euro. W trakcie płacenia twoje ręce trzęsły się. Kiedy wzięłaś pudełko z różańcem, zapytała, czy to prezent. *Prezent? Czy będę mogła dać go mamie? Czy będę?* Kiedy przytakujesz głową, zakonnica wyjmuje z wnętrza gabloty białą kopertę z wizerunkiem *Piety watykańskiej*, wkłada do niej pudełko i zakleja.

Trzymając różaniec w dłoni, idziesz w stronę Bazyliki Świętego Piotra. Zaglądasz do środka przez główne drzwi. Znad widocznego z daleka wykonanego z brązu cyborium w środku majestatycznej budowli wydobywają się kaskady światła. Na fresku znajdującym się na ścianie aniołowie są unoszeni przez obłoki. Wchodzisz do środka i spoglądasz na dużą, lakierowaną aureolę. Gdy idziesz wzdłuż nawy bocznej, nagle twoje nogi zatrzymują cię. Coś zaczyna cię mocno ciągnąć. Co to jest? Przedzierasz się przez tłum w kierunku tego, co działa na ciebie niczym magnes. Patrzysz w miejsce, w które wpatrują się zebrani tu ludzie. *Pieta watykańska.* Za kuloodporną szybą ukryta jest Matka Boska trzymająca zmarłego syna. Przyciągana do przodu przeciskasz się bliżej w kierunku Piety. Kiedy tylko zobaczyłaś pełen wdzięku obraz Matki Boskiej trzymającej bezwładne ciało syna, który właśnie oddał ostatnie tchnienie, poczułaś kompletne zamroczenie. Czy to jest marmur? Wydaje się, że ciało syna ma jeszcze trochę ciepła. Oczy Matki Boskiej, pochylonej nad rozłożonym na jej kolanach ciałem, są przepełnione bólem. Mimo iż dotknęła go śmierć, ciało wciąż wygląda jak żywe. Kobieta, której odebrano macierzyństwo, przytula ciało syna. Wyglądają, jakby byli żywi. Nagle czujesz czyjeś ocieranie o twoje plecy, więc szybko odwracasz się za siebie. Przez chwilę masz wrażenie, że to mama stoi za tobą.

Zdajesz sobie sprawę, że zawsze myślisz o niej, gdy coś w twoim życiu zaczyna się źle układać. Bo myśl o mamie pozwala wrócić rzeczom na właściwy tor i daje ci świeżą energię. Nawet po tym, jak zaginęła, dzwoniłaś do niej. Dawniej wiele razy chciałaś zadzwonić do niej, ale nie robiłaś tego.

Kładziesz różaniec przed Matką Boską i klękasz. Masz wrażenie, jakby jej ręka obejmująca zmarłego syna poruszyła się. Trudno patrzeć na ból Świętej Matki tulącej syna, który zmarł w cierpieniu. Nie słyszysz nic, a światło bijące z sufitu zniknęło. Bazylika w najmniejszym państwie świata pogrążyła się w głębokiej ciszy. Ranka na delikatnej skórze wewnątrz twoich ust zaczyna krwawić. Połykasz zbierającą się w ustach krew i podnosisz głowę, aby spojrzeć na Matkę Boską. Twoje dłonie automatycznie dotykają kuloodpornej szyby. Gdybyś tylko mogła zamknąć jej smutne oczy. Wyraźnie czujesz zapach mamy, jakbyście razem wczoraj w nocy zapadły w sen pod tym samym kocem i jakbyś dziś rano po przebudzeniu przytuliła się do niej.

Pewnej zimy mama schowała twoje młode, zimne ręce we wnętrzu swych szorstkich dłoni i zaprowadziła cię do pieca w kuchni. „O rany, twoje ręce są jak z lodu!" Czujesz ten jedyny zapach mamy, która tuli cię przy kominku, pocierając twoje dłonie, by je rozgrzać.

Czujesz, że palce Matki Boskiej, trzymające zmarłego syna, wyciągają się i głaszczą cię po policzku. Klęczysz przed Najświętszą Matką, której ledwo udaje się unieść ręce syna oznaczone widocznymi ranami od ukrzyżowania, aż do momentu, kiedy nie słyszysz już kroków w bazylice. W pewnym momencie otwierasz oczy. Patrzysz na usta Matki Świętej, na jej oczy, które są zanurzone w smutku. Jej usta są szczelnie zamknięte z wdziękiem, którego nikt nie może jej odebrać. Głębokie westchnienie wydostaje się z twoich płuc. Delikatne usta Matki Boskiej, po smutku w oczach, teraz pokazują współczucie. Patrzysz ponownie na jej zmarłego syna. Jego ciało leży spokojnie na kolanach matki. Koi go nawet po śmierci. Jeśli powiedziałabyś rodzinie, że jedziesz na wycieczkę, odebraliby to jako rezygnację z poszukiwań mamy. Ponieważ w żaden sposób nie potrafiłabyś przekonać ich, że tak nie jest, przyjechałaś do Rzymu, nie mówiąc o tym nikomu. Czy przyjechałaś tu, aby zobaczyć Maryję? Kiedy twój chłopak zapytał, czy pojedziesz z nim do Włoch, być może nieświadomie pomyślałaś o tej rzeźbie. Być może chciałaś się pomodlić w tym miejscu, prosząc o to, byś mogła zobaczyć kobietę, która żyła w małej wiosce przylegającej do brzegu kontynentu azjatyckiego, żebyś mogła ją znaleźć. To dlatego tu jesteś. Być może zrozumiałaś, że mamy już nie ma na tym świecie. Być może przyjechałaś tu, bo chciałaś prosić: „Nie zapominaj o mamie, zlituj się nad nią". Ale teraz, gdy widzisz Matkę Boską, jak swoimi wątłymi ramionami obejmuje cały ból ludzkości, nie możesz nic powiedzieć. Patrzysz w skupieniu na jej usta. Zamykasz oczy, łzy płyną ci po policzkach. Wstajesz i opuszczasz to miejsce. Sznur księży przechodzi obok ciebie, prawdopodobnie idą odprawić mszę świętą. Kierujesz się w stronę wyjścia z bazyliki i spoglądasz przed siebie, oszołomiona placem otoczonym smukłymi kolumnadami w oślepiającym świetle. I wtedy dopiero słowa, których nie mogłaś powiedzieć przed Matką Boską, wypływają z twoich ust.

„Zaopiekuj się moją mamą, proszę".